牠不在，但都懂

如何解讀離世寵物的靈魂訊息

琳・拉根 Lyn Ragan 著
溫佳盈 譯

Signs
From Pets
In The
Afterlife

各界推薦

（按姓名筆劃排列）

面對深愛動物夥伴的離開，這本書會是個溫柔舒心的陪伴。

——**Rouya／動物溝通師**

用愛才能感受到靈魂真實存在的意義。

——**白育萁／動物溝通師**

或許，在我們每個人心中都有一個屬於自己的幸運物象徵

可能是家人、朋友、甚至是一片葉子、一件衣服、一個數字
但當這個幸運來自你的狗、你的貓、或是一隻鳥，
他們給予的意義可能更加地強烈
人與動物之間的關係，既是朋友又是家人，甚至是生命的導師～

當有那麼一天，不得不與深愛的毛小孩告別
你以為的永別，並不存在
因為祂們會用各種方式來表達自己仍在身邊、一直在身邊
只為讓我們感到平靜與安心
想念與愛會讓我們感應到彼此～

——我是白吉／吉媽

在我幫寵物諮商的數十年裡，只有一個結論，就是寵物的世界裡只有「愛」，「愛」牠們的主人及主人的一切。

哪怕是到了另一個世界，只要有「愛」，這份情緣會一直繫著，還有「正面的能量」。

這本書，非常值得一看，因為這本書充滿了「愛」，充滿了正面的能量，宇宙萬物，只有「愛」、正面的能量，能讓靈魂得到救贖，能永恆不滅。

——杜莉德／寵物心理諮詢師

許多毛孩告訴我，他們離世不是消失了，而是化成天使，飛向光了。

——星亞／動物溝通師

每個字句都說明著，所有生命都值得被尊重，因為他們與我們一樣，都有感知的能力。

——姜怡如執行長／社團法人台灣防止虐待動物協會

愛在，你就在。

——春花媽／動物溝通者

狗狗是非常特別的物種
像似上帝精心放於世界
好讓那寂寞失落的人類
能在遇見一隻狗的時候
感受到毫無歧視的忠愛
狗狗從來分辨不出美貌
他們只能看見人的良善

#狗狗有項超能力
#能看見人類的良善

——柯基犬の Coffee Time

每每與往生動物做溝通，家長最想知道的問題便是動物現在過得好嗎？有沒有回來家裡看看呢？當我說出動物的肯定回答，家長也表示其實早已收到某些徵兆或夢境，只想確認自己收到的是否為真。這本書除了娓娓道出許多溫暖人心的案例故事外，也提供如何判斷往生動物從未真正離開消失的多種徵兆，對於尚未從失去中釋懷的人來說，相信都能藉由此書得到莫大的安慰與療癒。

——維尼／寵物溝通師

每件事，每個靈魂都有最合適的安排。而我們是翻譯，動物的翻譯，幫助人類跟動物做更好的相處。

——蜜喜露露／動物溝通師

目錄

看見靈魂現象

為了你自己的靈魂

本書謹獻給我們在天堂的珍愛寵物。

感謝親愛的牠們分享給我們的可貴禮物

——一份永誌不渝的愛。

序言

「一個人一定要愛過一隻動物，他的靈魂才能算是完全甦醒。」

——安那托爾・佛朗士

人們常問，已經離開身邊的動物們，是否知道我們人在哪裡，或是如果搬家了，牠們能否找到我們？兩者答案都是肯定的。如同深愛的已逝之人，寵物的靈魂同樣能夠知道、看見與聽見一切。牠們永遠都在我們身邊，只是改以不同的形式存在——也就是靈魂的狀態。

對我們大多數人而言，寵物就是孩子，早已成為家中非常重要的一份子。寵物對我們毫無所求，但卻給予我們如此無條件的愛。

從寵物家長的角度來看，失去摯愛寵物的陪伴，跟失去人類小孩的感受差不多。在一些案例中，失去寵物甚至會更讓人難以承受，因為主人是主要照護者，而毛孩所需要的一切完全仰賴他們。

更讓人難過的是，這個社會並沒有同等看待寵物與人類小孩。人們失去寵物後獲得的的同情或同理心往往不如失去孩子。悲傷的循環就此開始，而家人或朋友所能提供的幫助非常有限。

當我們的寵物過渡到另一個世界，牠們會透過分享給我們的愛與我們連結。愛是聯繫人類與動物最強大的力量，無論我們的寵物是在身邊，或是到了另一個地方，愛的能量都不會中斷，永遠不會。

過世的寵物會傳遞哪些我可以尋找的徵象呢？這是很多人會問自己的問題。

就像是過世的人會捎來訊息，寵物一樣會透過徵象與訊息跟我們連結。我們的寵物會用很多牠們在世時習慣的方式，與我們建立連結——例如：夢境、符號象徵、身體接觸或其他非實體接觸。牠們想要與我們聯繫溝通的渴望，就與身在彼方的逝去親人一樣強烈。

我們的毛小孩與摯愛，真的非常希望我們知道牠們現在過得很好，既平安又快樂。當然也希望我們了解，牠們在另一個世界仍深愛著我們。

要接收並辨認來自毛小孩靈魂的禮物，最重要的關鍵是：擁有敞開的心房和胸懷。從另一個世界傳遞來的徵象沒有規則，只要你想像得到，牠們也一樣可以。我們的毛孩脫離了肉體束縛，自由自在，可以在同一個時間點身處許多地方。一部分的牠們永遠與我們同在，能夠看見我們做的所有事情，聽見我們說的所有話語。

當寵物看見我們的心靈成長，看到我們對於另一個世界的新生活有更多了解，牠們會非常高興能夠幫助我們辨識牠們帶來的禮物。比如說，如果牠們坐在你身旁的時候，你正巧發現蝴蝶有可能是靈魂的化身，當你下一次留心的時候，你的毛孩可能就會派來一隻蝴蝶，在你前方的道路上飛舞。

如果我們熱衷於研究寵物的新語言（各式各樣的徵象和訊息，也就是**靈魂的語言**），牠們也會非常開心。這就像是一種承接的過程，牠們從另一個世界教，我們從地球這一端學。

身為人類，很多時候我們想要的是直截了當的徵象，能有一個明確的訊息表示：「嘿，我就在這裡喔。」當我們誤以為自己沒有接收到訊息，就容易覺得寵物和摯愛的人已經永遠離開我們了。然而，事實完完全全不是這樣。

就像我們在這世界上的所有關係，要持續與寵物靈魂的連結，需要投入很多心力。牠們不可能一肩扛起所有責任；而且說真的，如果我們覺得毛孩應該全部自己來，這是在騙自己。

溝通的連結需要雙方共同投入才能成立——靈魂，和你。

重新訓練我們的心靈，需要努力及很多耐心，但我們會獲得無價的豐富回報。若你從沒有收到來自另一個世界的不可思議徵象，也尚未經歷過那種神奇又神祕的感受，請考慮嘗試看看。你只需要更敏銳的意識，以及更深入的感悟。

當你辨識出來自忠心夥伴的訊息時，這些訊息可能會改變你的生命。這些訊息大多時候是很細微的跡象，但即使是最微小的信號，也意義重大。來自另一個世界的任何一個徵象或信號，都很重要；每個都有非常特定的目的，是專為接收的那個人而存在。

有時候，這些徵象似乎是要在悲傷與沉痛的時刻安慰我們；有時候，它們則是路燈或號誌，指引我們在生命的道路上前進。無論是哪一種，接受這些來自已逝家人的禮物，是我們神聖的權利；所謂的家人，當然也包括心愛的寵物。

這是我們每一個人都能夠學會的能力。

我們不用會通靈，不需要靈媒的能力，即使我們生來就擁有這些天賦。我們所需要的就只有信心，還有對心愛寵物滿滿的信任。我們既然已經全心全意地愛著牠們，應該不費吹灰之力，就能對牠們純潔無瑕的靈魂也抱有一樣的信任。

所以，我們要尋找什麼樣的徵象呢？注意到這些徵象最好的方法，就是開始意識到它們是真的存在。觀察每一天發生在你身邊的小小奇蹟，絕對會有幫助的。比如說，有一天你開車去上班時，在路邊看到一隻浣熊——你知道浣熊能夠傳遞靈域的訊息嗎？

浣熊提醒我們，要看見事情的全貌——無論它是否肉眼可見。不僅如此，如果你注意到的那隻浣熊，是不知道從哪兒冒出來的，就有可能是在天堂的寵物對你暗示：「是我，我就在這裡陪著你。」

因為有代表意義的徵象非常獨特，也因人而異，不一定都很容易就能認出來，或是馬上明白它的意義。從鳥兒、動物、人事地物等，這些徵象有很多表現方式，基本上，它們就是信使——靈魂的信使。

很多人認為，這些死後靈魂傳遞的徵象證明來世確實存在。但證據又是由什麼構成的呢？死後世界的證據是很取決於個人的。對某個人來說是決定性證據的事情，對另一人而言卻可能毫無意義。

證明必須源於內心。

然而，我們通常需要先擁有相關知識，才能找到證明。不僅如此，我們也都渴望尋求這些知識。

當我決定寫下這本以寵物為主的書，我對一件事情心存感激——許多來自已逝親人的徵象，和我們心愛的寵物如出一轍。我在這邊的分享純粹來自個人所學，以及我和過世親友溝通的個人經驗。我的用意不是要說服你相信，我所知道的一切都是個人的真理。其實，我只希望分享這些可能發生的情況，來幫助你辨識寵物靈魂傳遞的徵象。

來自死後世界的徵象有無限多種，並不僅限本書列出的少數情況。被記錄下來的徵象都極為常見，有上千人欣然接受、加以辨識，也認定這些訊息真切存在。因為這些訊號時常被看到並記錄下來，我們毛孩的靈魂都非常明白這件事。牠們會處心積慮吸引我們的注意；而隨著我們和過世寵物的關係持續發展，牠們傳遞的訊息，也會因為我們的學習而改變形式。

不要期待過於複雜的徵象，這點很重要。徵象會切合我們的生活習慣，要記得沒有任何場合都通用的徵象，出現的方式也沒有一定的規則。牠們會傳遞的訊息一直都很明確、很直接，就是「我愛你」——沒有任何徵象或訊息是要拿來嚇唬或誤導你的。請記住，恐懼只是一種情緒，也是好萊塢電影最喜歡煽動的情緒。

「我們唯一需要恐懼的，是恐懼本身。」

——富蘭克林・羅斯福

向我們在天堂的寵物表達感激，是很重要的一件事。要對我們得到的每一個徵象或訊息心存感激，可以實際說出口，也可以在內心感謝。我們鍾愛的寵物現在什麼都知道，什麼都看得見也聽得見……所以，說聲「謝謝你」，是我們都能做到的小事。

死亡只是從這個世界直接移動到下一個世界，唯一失去的只不過是實體的容器——也就是我們的肉體。我們的性格，以及對生者的愛還留存著。換句話說，我們是貨真價實擁有兩個世界：這個實體的世界，以及精神世界。

如果我們透過徵象和訊息，保持與寵物和所愛之人的關係，會不會阻礙逝者往下個階段邁進？絕對不會！靈魂的深度，不是我們人類的心靈能夠探究、消化的。他們的毅力、靈敏與力量，比我們所能想像的任何東西都更強大。在以能量的形式（也就是靈魂的形式）存在時，他們可能同時出現在不同的地方，事實上他們也真的會這樣做：他們可以同時在我們身邊，又一邊工作、玩耍，或拜訪其他家人。所以我們絕對不會妨礙他們。

最後，最重要的一件事情是，在另一個世界的家人與寵物，非常希望我們知道他們過得很好；而且他們也希望我們過得好。對於還留在世上的我們，他們最大的心願，就是希望我們過著開心快樂的生活。

知道我們的關係在這段生命結束後還能持續下去，是非常幸福的事，也是一份很棒的禮物。每件事情的發生，或許都有個原因，但有時候換個角度，就可以看見我們擁有什麼……而不是失去了什麼。

第一部

如何感知寵物的靈魂

第一章 臥房探訪

「既非錯誤，亦無巧合，萬事皆是祝福，讓我們從中學習。」

——伊莉莎白・伯勒-羅絲

感知到已逝的寵物雖是常見的經驗，卻很少被討論。就像對大部分人而言，否認悲痛遠比拿出來討論更自在，即使愛的力量並不會被現實擊敗。

能感知到離世的寵物，是真正的心靈之禮。

在我們神聖的旅途中，會浮現各式各樣的靈視與意象。有些人會看見未來發生的事，有些人會在腦中聽見聲音，也有人會遇見特殊形體的光亮或景象。來自離世寵物最普遍的接觸形式，是感覺到牠們就在身旁。

特別是在臥房。

你是否曾經躺在床上，在快要睡著或醒來時，感覺到身旁有動靜？當你睜開雙眼，想看看究竟是誰或是什麼東西，卻什麼都沒有，只剩下驚嘆或突如其來的困惑。你也許會心想：「只是我自己想像出來的嗎？剛才，真的是我的寶貝寵物跳上床了嗎？」

無論是看見牠們的靈體或夢到牠們，或根本什麼也沒看見，心愛的寵物都會一直活在我們心中。然而對一些人來說，寵物的身影會留存在感官中，徘徊不去，可以看見、聽見、聞到、觸碰到，甚至感受到牠們的實際存在。

對許多人來說，這是顯而易見的事實：牠們一直伴隨在我們身旁。

感知到已逝的寵物是十分常見的經歷，卻鮮少受到討論。大多數親身體會過的人，因為害怕被貼上瘋子的標籤，或被認為是失去理智了，會把這經驗如珍貴祕密般埋藏起來，而不會拿出來分享。

感受到另一個世界的存在並非特例，而更像是一種常態。研究顯示，在摯愛的人或寵物離世後一個月之內，有超過八成的人曾感覺到他們；並有幾乎一半的人表示，曾與他們有所互動。

感覺到我們已逝的寵物跳上床鋪，走過床邊，或甚至躺在床上，都是很平常的事。以人類雙眼可能遍尋不著牠們身影，但我們卻能非常肯定床鋪確實凹陷下去，毫無疑問跟牠們還在身旁的感覺一模一樣。就像馬利在愛犬過世幾小時後的經歷。

在我十二歲時，我的狗狗糖糖被車子撞了。她住在我們的農場裡頭，從沒進過家裡，更別說是我房間。糖糖離開的那晚，她進到我房裡把前腳擱在床上，用後腿站在床邊。她告訴我她沒事，謝謝我在她還是小狗狗時收留了她，跟她當好朋友。她說她會想念我，然後就轉身離開了房間。當時覺得只是個夢，但隨著我越了解超自然現象，我意識到她是真的回來向我表達謝意。多麼特別的一刻啊！

——馬利B，薩凡納，喬治亞州

感覺寵物在身旁，坐在床邊或躺在床上，**是再平常不過的**。毛小孩不用真的碰觸到我們，就能讓我們感覺到牠們實際存在——因此我們才會覺得床鋪有動靜。

很多人會忽視這些遭遇，覺得是自己想像出來，或憑空杜撰的。但當有靈體在附近時，這種實實在在的感受再確切不過，無可比擬。我們可能會看到靈體、一道有顏色的光、牠們身體的輪廓，或透明狀的迷霧，也或許什麼都見不到。然而，感覺到心愛的寵物就在身旁，甚至感覺有你素昧平生的毛孩在附近，這種感受永遠都非常真實。

就像芮琪的經歷——她在半夜發現有東西在動，因此醒了過來。

因為我先生得了流感，所以我睡在另一間閒置的臥室。我睡得很熟，但突然覺得有東西跳上床尾，把我驚醒了。我躺了一會，看了看時鐘：當時是凌晨兩點。

我腳邊的毯子開始移動，感覺好像有小腳丫在到處走來走去。我可以感覺到毯子被向下踩，就像貓咪會做的那樣。我心想：「什麼啊，感覺好像是有一隻貓。等等，我們沒有養貓啊。」

起身去過廁所之後，我看床上沒有貓，我便鑽回被窩。又來了，一個很輕很小的東西開始走來走去——而且是在我腳邊的毯子上。我開始捏自己，確定我真的醒著。我非常疑惑，心想到底發生什麼事了？

幾分鐘之後，貓咪想要找個好位置窩著，走來走去的範圍又更大了。最後牠在我腳邊蜷縮起來。我也沒辦法，只好接受真的有一隻貓在我床上。

——芮琪F，傑克森威爾，佛羅里達

當寵物在身旁的時候，有些人會起雞皮疙瘩。靈魂觸碰我們的時候，感覺就好像真的被摸到一樣。有時，牠們喜歡在我們的髮際竄動自己的能量，這時候的感覺就像有小蟲子在頭頂爬。

很多人的經驗是在耳邊聽到鈴聲，或是聽見聲音、有言語交談；但每一個經歷都不一樣，這點我們要謹記在心。就像我們獨特的DNA，來自死後世界的交流也各自有所不同。

每個人的經驗都不一樣。

以泰瑞莎來說，在她的貓咪過世後，感受到貓咪依然就在身邊，讓她很驚訝。

這十六年又六個月來，有毛球陪在身邊非常棒。知道她從來沒有走遠，讓我很開心。早上的時候，我還是會感覺到她在我床上走來走去。愛就是一道橋樑，讓她一直歡欣地存在我心中。

——泰瑞莎C・卡加利，亞伯達省（加拿大）

寵物讓我們感受到牠們的存在，是為了教會我們，也向我們證明：身體的死亡，並不會終結我們的存在。也是在教會我們：實際上，我們之間的關係是有可能持續建立的。就好像珍娜的經驗：當她的毛寶貝過世時，她從沒想過，牠會用如此難忘的方式來表示牠還在身邊。

庫柏得了腦瘤，在去年七月安樂死。我每天哭個不停，悲痛欲絕。他一直以來都陪著我，不論去哪裡都跟著我、跟我一起睡覺，總是在我身旁，晚上甚至會對我汪汪叫，要我趕快上床睡覺。

有一天晚上，我躺在床上哭著跟他「說話」，我非常想念他。結果，我感覺到他跳上床，感覺到他向我走過來……床鋪真的動了。然後我聞到他的味道，當下我就知道他在這兒。給我帶來了難以言喻的平靜。

——珍娜M，拉法葉，印第安納州

毛孩告訴我們，我們所呵護和重視的愛意，的確會跟著牠們到另一個世界。寵物們透過徵象、訊息，和感受到牠們的存在，讓我們明白牠們也一樣一直愛著我們。海倫從沒想過，自己竟然能夠感受到離世毛孩的濃濃愛意。

我的麥斯是一隻帥氣的羅威那犬，他很長壽，過了快樂的一生。他一直都非常神采奕奕，但十六歲的身體已經跟不上他的心靈了。我好想好想他，然而我知道他現在已經在某個地方，過著健康快樂的日子。麥斯對我的愛超越一切——沒有誰比得過他。

有一天下午我打算睡午覺，那是他過世後的幾個禮拜。麥斯的弟弟特洛伊，很快就在我身旁睡著了。大約三十分鐘之後，我感覺到特洛伊在床上站了起來，跨過我的腳跳下床。我還不想起床，所以我對他喊：「特洛伊，給我回來床上。」他離開臥室往走廊移動，我聽到他項圈上的名牌鐺啷作響。我不想睜開眼睛，又叫了一次要他回來，但現在我已經完全清醒，而且也有點煩躁。我用手肘撐著起身，沒想到，當我一起來，就看到特洛伊還待在床上，抬起頭，用好像看到瘋子的眼神看我。

過了整整一分鐘，我才意識到房裡不是只有我們。跳下床的不是特洛伊，是麥斯。知道麥斯還在這裡，依然和我跟他弟弟一起待在床上，是非常大的安慰。

——海倫B，土桑，亞利桑那州

還有另一個很棒的案例，也代表了持續不變的愛：茱蒂聽見來自她過世貓咪的聲音。

艾迪在二〇〇三年，他十三歲時過世。他會待在屋子裡最喜歡的地方，是我們的床上，或窩在我們頭中間，他會安安穩穩的躺著，呼嚕呼嚕個不停。我們總是跟他說：「用你的呼嚕聲哄我們睡覺，艾迪。」他過世後，我會因為聽見他大聲呼嚕呼嚕，或是吵鬧地喵喵叫而在半夜醒來。家裡沒有其他貓咪。我知道是艾迪要告訴我，他還在這裡陪著我。

艾迪離開幾個月後，我們迎來了新的貓咪，名字叫薑薑，她成為我們嬌滴滴的小公主。四年過後，薑薑生了重病，最後我們也失去了她。在她生命最後的那幾個月，晚上睡覺時，為了她的安全，我都得把她放在我床邊的籠子裡。她覺得籠子很煩，所以會整晚抓鎖頭抓個不停，籠子因此發出很大的鐺啷鐺啷聲。薑薑過世後，我們把所有東西都收起來了。但從那時候開始的每個晚上，我都還是會聽到薑薑在我床邊抓籠子門的聲音。鐺啷、鐺啷、鐺啷。她的存在感非常強。

——茱蒂S，奧蘭多，佛羅里達州

感應到我們的寵物，或是感受到牠們的存在，是無盡之愛的鐵證。這種愛無窮無盡，至高無上。

第二章　靈魂之愛

「雖然每副軀體有所不同，然而所有生物的靈魂都是一樣的。」

——希波克拉底斯

你是否有過這種經驗：覺得有隻腳掌輕輕搭在你肩上，但當你轉頭查看，卻什麼都沒有？或你感覺有貓輕輕擦過腿邊，但低頭一看，卻完全沒看見貓咪？

這不是你自己編出來的，你也沒有瘋掉。當已逝寵物就在身旁時，我們都會有特別的感受。在牠們離世後，很常發生這些情形：你感覺腿邊有什麼輕輕靠著、覺得手被輕推，或感受到溫柔的撫觸、聽見牠們在房子裡走動或奔跑；也或許是感覺到頭頂小小的刺痛——那是牠們的能量，正在你的毛髮間竄動。

當已逝寵物就在身旁，你會有很舒服平靜的感覺。對很多人來說，這也是為什麼牠們的存在會被忽略，因為感覺太美好了。而對某些人而言，他們覺得這樣子很可怕，於是便因此錯過、破壞了連結，或誤解了毛孩的訊息。

在寵物逝世之後不久，感受到靈魂的撫觸，其實是很常見的事情；但很多人不知道，毛孩在過世後，還是會一直回來探望我們——就算已經過了很久很久，甚至好幾年都一樣。牠們會用很多方式告訴我們牠們還在。感覺到牠們還在身邊，提醒了我們毛孩與我們有多親密。牠們最大的心願是安慰我們的悲痛，並讓我們知道一件非常重要的事情：**死後生命依舊，愛意永久長存**。芮吉娜有過一次沉痛的經驗——但這個經驗同時也意義非凡。

兩年前，我的約克夏安迪因為肺部併發症過世。四個月之後，我先生過世了。如果不是還有十三歲的吉娃娃可可陪著我，我真不知道自己會做出什麼事來。

有天下午，我以為我把可可搞丟了，花了一小時找她之後，我開始失去理智。我站在廚房哭，然後聽見了前門開開關關的聲音。我從轉角偷看是誰，但完全沒人。接著我聽見不知道從哪裡傳來的微弱聲響——是名牌輕敲金屬項圈的聲音，聽起來就跟安迪的項圈一模一樣，而就在那一剎那，我感覺到有什麼東西經過了我的腳邊。然後我聽到小小腳掌發出的腳步聲，進到了早餐房，我驚愕的跟了過去，那聲音把我帶到存放狗食與點心的櫃子前。我靠近櫃子拉門的時候，聽到了一聲微弱的汪汪叫，當下我就知道，是我心愛的安迪。我把門打開來，而可可就坐在裡頭。

我慌慌張張，又叫又喊地在找可可時，她完全沒發出聲音。看到可可讓我欣喜若狂。安迪在另一個世界還繼續愛我、支持我，這份愛真的難以形容。

——芮吉娜B・雪碧，維吉尼亞州

我們就是毛孩的天堂。即使牠們的肉體已經不在，也不代表牠們對我們的靈魂之愛有任何減少。寵物從另一個世界愛著我們，永遠都這樣愛著我們。

第三章　叩叩叩

「踏出舒適圈去探險吧，所得到的回報絕對值得。」

——《長髮公主》

有些徵象很容易就可以注意到：你是否曾經在看電視或講電話時，突然聽見廚房料理臺上傳來叩叩聲？

你養的狗狗可能會開始汪汪叫，然後興奮地往那個聲音跑過去；但當你去查看時，卻發現根本找不到合理的原因，來解釋這麼響亮的叩叩聲究竟來自何處。

這時你也沒別的辦法，只能苦苦思索。得等到一樣的事件發生第二次，甚至第三次，你才會有點頭緒。但你很確定，大家都同時聽到了叩叩叩的聲音。

你是否曾經躺在沙發或床上快睡著時，突然聽到從牆壁、門上，或窗邊傳來三聲響亮的「叩叩叩」？是不是發生過不只一次呢？

在尋找聲音究竟從哪來之後，你或許會注意到，叩叩聲都在特定時間出現。對你來說，時間點可能有重要的意義，或許是你的寵物離世的時間。但不一定每次都是這樣。

可以確定的是，這些聲音清晰響亮，你知道自己真的聽到了。一旦一直收到這種徵象，你就會開始明白，這是你可靠夥伴傳來的重要訊息。若不是牠們，也沒有其他人能夠說服你了。這些聲音可能會持續好一陣子，特別是當你的寵物知道，你很珍惜這些牠們發出的徵象之後。

我們心愛的毛孩時常渴望，或是超級興奮地想讓我們知道，自己依舊是我們生命的一部分。收到一則有象徵意義的訊息、徵象、巧合，或是遇上共時性事件（synchronistic event），會讓人覺得既安慰又幸運。

雖然有些人能感覺到毛孩就在身邊守護自己，但也有很多人認為這種想法很難懂；他們不確定自己的感受，與心中所猜想的狀況是否相同。於是就開始懷疑，覺得一切都只是自己想像出來的，訊息就因此被完全忽略了。對佩妮來說，是直到事情發生了不只一次，她才了解訊息的意義。

我的黃金獵犬波莉，是隻十全十美的狗狗。當時十歲的她突然離世，讓我心都碎了。她離開的隔天，我和我其他三隻狗狗依偎在沙發上看電視。幾分鐘後，前門突然傳來三聲非常響亮的「叩叩叩！」。孩子們從沙發上跳了起來，大聲吠叫。我去應門，但完全沒人。直到隔天發生了一樣的事情，再隔天又一次，我才找出個所以然。我們親愛的波莉，在告訴我們她仍然是這個家的一份子，只是現在的她用不同的方式存在。能夠知道這件事，是一份非常棒的禮物。

——佩妮W，艾賽爾，密西西比州

來自另一個世界的愛，不會都只是安靜的悄悄話。有時候，聲音非常洪亮，而且讓人難以忘懷。

第四章　移動的物品

「那些說『鑽石是女孩最好的朋友』的人，肯定沒養過狗。」

——作者不詳

想從另一個世界溝通，卻難以獲取對方的注意力時，「移動物品」是一個很常見的方式。就算真的非常明顯，有什麼東西改變了、被移動過了，或重新擺到別的位置上，我們可能還是會忽略這些徵象背後驚人的訊息——我在這裡。

準備好出門時，你走到固定的地方拿鑰匙，卻發現鑰匙不在那裡嗎？得花好幾分鐘找，甚至有時要過了好幾天，最後才終於在外面庭院的花盆裡發現了鑰匙。你也許會自問：「搞什麼鬼？鑰匙怎麼會跑去那裡？難道是我無意間把鑰匙放到土裡去了，然後根本不記得？」不，不是這樣的。把鑰匙放在花盆裡的不是你，而是你親愛的毛小孩。

毛孩想吸引你注意，而現在，你注意到牠們了。

有時，可愛的毛小孩會移動東西，好吸引我們注意。牠們會精心安排，把對我們或牠們來說有意義的東西放到別的地方去，好讓我們去把那個東西找出來。

玩具、骨頭、領結、照片、鑰匙、太陽眼鏡、珠寶、錢、卡片、雜誌、遙控器，還有紙製品等，是幾種最常見的物品。不管是什麼物品，如果毛孩知道我們會發現那個東西不見了，那麼牠們就會選擇移動這類東西。我們來看看黛安的貓咪，是如何完美地喚起主人的注意。

安柏離開後三個月，二〇一二年的十二月來臨了，紀錄顯示完全沒有下雪。聖誕節前幾天，我從衣櫥抓了夾克（我每次都穿這件外出），進到車庫去拿些紙巾。我朝安柏在穀倉後方的墓地前進，知道自己一定會哭出來。

把紙巾放進口袋時，我發現口袋溼答答的，而且非常冰冷。接著我抓出了一團冰塊，但這不是一般的冰。看起來像是有誰把雪球放進了我的口袋，然後又拿出來，而我手上這些是殘餘的碎冰。我盯著眼前的幾塊碎冰大叫：「這是什麼鬼東西！」

我把冰放進水槽後，朝外頭安柏的墓地走去。走到定位後，我恍然大悟。我剛剛才拜託她給我一個徵象，好讓我知道她還在這裡——而那就是她給的徵象！我衝回車庫，但冰早就融化了。我的口袋還是濕的，但已經沒有多的冰了。我把紙巾從口袋拿出來，放在一個安全的地方紀念她。我的寶貝貓咪安柏送的禮物好棒啊！我真的好想她。

——黛安B，麥斯登，紐約州

或許你有張寵物的照片，常常會自己掉下來；或是牠們的一個玩具，老是在你已經收好後又跑出來。或者，你明明已經把包裝紙丟進垃圾桶了，但包裝紙怎麼又在咖啡桌上出現？或者明明沒有動它，電腦或筆電的滑鼠卻被切掉了。

如果你的毛孩在世時就很愛玩，當牠們到了另一個世界之後，很有可能會更享受跟你玩耍的樂趣。在過渡到另一個世界時，我們的肉體或許不會跟著一起，但個性絕對會。貝蒂的貓咪就超愛跟她玩——即使已經離世，毛孩的個性還是不會變的。

翠普是隻孟買貓，他真的是個天使。我們一起度過了精采的十八年歲月。他不只是一隻貓，而是我最好的朋友，也是我看過最聰明的貓咪。

翠普過世一週後，我開始注意到一件事：我發誓我把東西都放得好好的，卻老是不見。例如：我的鑰匙、眼鏡、筆，甚至手機。我覺得我好像開始無法掌控自己的生活了。

有天下午我正在看書，從眼角餘光，我看到翠普的一顆球球從地板滾了過來，停在我腳邊。一開始我真的嚇死了！但接著我很快意識到一件事——我沒有發瘋。是我的小寶貝，在提醒我他沒有離我而去。我覺得自己很幸運，這漂亮的小傢伙還是深愛著我，繼續用他又可愛又煩人的個性陪著我。我真的非常幸運！

——貝蒂B，傑克森威爾，佛羅里達州

為了與你溝通，毛孩會無所不用其極地引起你的注意。就算牠們必須重覆很多次，你才知道這是牠們給你的徵象。琳達的巴哥就是這樣——牠得加倍努力，才有辦法引起琳達的注意。

每個見到露西的人都很喜歡她。她對所有人都很友善，是隻很特別的狗狗。她過世的時候，我覺得心臟像是要撕裂了。她不只是我的狗狗，而是我的孩子，我想她想得要命。

露西有超多玩具，真的超級多，但她偶爾每個都會玩到。她的玩具箱擺在客廳，我捨不得搬走。露西死後幾天，我在沙發上看到她其中一個玩具。我想大概是我先生或女兒放的，所以沒想太多。我就只是撿起來放回她的玩具箱裡，每次都好希望她還在這裡。

我走進廚房準備晚餐。而就在我面前的地板上，躺著另一個露西的玩具。這次，我開始認真思考玩具為什麼會出現在廚房。我自己一個人在家，不可能有其他人把玩具放在那兒。我蹲下去撿，眼淚掉了下來。這時，我聽見家庭房傳來東西掉落的聲音。

我擦擦眼淚，過去看那個突如其來的聲音是怎麼一回事。而當我看到露西的照片掉在地毯上——想想我當時有多驚訝，簡直是目瞪口呆。我毫不懷疑她就在我身邊，她一直都在。愛真的永遠不會消失，現在的我對此深信不移。

——琳達W，亨茨維爾，阿拉巴馬州

別忘了，有些物體在移動時會發出聲音。雖然有時候我們會嚇一跳，但毛孩這麼做並不是要嚇我們，而是要給我們一個驚喜，喚醒我們的意識。

第五章　來自天堂的硬幣

「我們要從動物身上學習的，比牠們要從我們身上學的還多。」

——安東尼·道格拉斯·威廉斯

有句諺語是這樣的：「人們說，當一個天使想念你的時候，便會從天堂擲下一美分。」遺憾的是，許多人從未發現或經歷過，在這句諺語背後還有許多真理。靈魂喜歡一次又一次在我們會經過的地方，放置對我們或牠們而言重要的物品。只要我們發現了第一枚硬幣，直覺知道這是我們心愛夥伴送來的，一切都會變得不一樣。牠們會開始把一美分硬幣（或與牠們有關的硬幣）到處放，確保我們不會錯過任何一個。為什麼牠們要這麼做呢？

因為牠們就跟我們一樣，從這過程中得到了同等的幸福與愛。毛孩知道我們認出了這些徵象是牠們現在的溝通方式；雖然不是黏呼呼的親親，或是溫柔的喵喵聲，但依然是一道緊密的連結，代表牠們無條件的愛。

靈魂徵象非常私人，是為了我們特別設計的。無論這些訊息乍看之下有多微小、多不起眼，背後永遠帶有真摯的意涵。這些專屬我們的徵象，不為其他人存在。桃樂絲就收到了專屬於她的禮物。而即使她知道自己接到了徵象，還是過了好幾個小時，才知道徵象是誰給她的。

六月六日，我和好朋友們出去吃晚餐。當服務生拿著帳單過來桌邊時，突然出現了一枚亮晶晶的二十五美分硬幣，我立刻就注意到了。我馬上想起比利叔叔，他人很好，口袋總是裝滿閃亮亮的二十五美分硬幣要發給孩子們。

同時，有個朋友報了當下的時間：下午四點四十四分。我注意到這也是個徵象，但想不起它的意義。我們又繼續聊了一會，當我們要離開時，朋友問我硬幣上的年份，我看了一下，是一九九八年。當時，我完全不知道這個年份究竟有何意涵。

四小時後，我接到我先生的電話。我的寶貝博美犬凱拉過世了。我心碎至極，即使知道她很長壽也過得很快樂，我還是忍不住哭起來。凱拉陪我度過許多美好與艱難的時刻，牠是我的依靠。

我很感謝有朋友在身旁，一同見證凱拉給我的徵象。她用閃亮的二十五美分硬幣做為徵象，透過比利叔叔讓我知道她平安無事。凱拉正是在一九九八年出生的。

而這個時間，四點四十四分——她是在告訴我，什麼都不用害怕。所有事情都在軌道上，一切順利。凱菈要讓我知道，她的能量包圍著我，她愛我也支持我。

凱菈的身體已經不在了，但她永遠不會離開我。我永遠不會忘記我的寶貝。安息吧，凱菈，我好愛好愛妳！

——桃樂絲李，坎頓，喬治亞州

硬幣的發行年份，可能代表不同的重大意義。或許是我們寵物出生的那年，也可能代表特殊的日子或周年紀念日。南西透過發現硬幣，收到了來自她的拳師狗的徵象。

芮芭過世時，我痛苦到快要窒息了。我們一起度過了美好的十二年，但這時間遠遠還不足夠。我每天哭個不停，芮芭不只是狗狗或夥伴——她是我的孩子。

拿回骨灰的那天，我把芮芭放在身旁她睡覺的枕頭上。那是在她走後，我第一個入睡的夜晚。隔天早上，我打算把她移到她常待著的客廳。讓我驚訝不已的是，在她的骨灰罈上，擺著一枚亮閃閃的一美分硬幣。我詫異地站在原地。

我已經上了年紀，而且一個人住，所以我知道不是別人放的。一定是芮芭。一意識到這件事情，我就開始崩潰大哭。我的寶貝女孩兒送了我一個好棒的禮物啊！她沒有就此停下來，後來我還是一直找到硬幣。芮芭喜歡提醒我，她有多愛我。我也總是告訴她，我有多麼愛她。

——南西S，天堂市，加州

無論是一美分、五美分、十美分，還是二十五美分，硬幣都會是來自離世毛孩的徵象。也可能是你的天使或指導靈，想要與你溝通。

有時你會在一些奇怪的地方發現硬幣（冰箱的層架上），或是在最出其不意的時刻（你身旁的沙灘上）。瑞秋接收到徵象的時候，完全不敢相信。她不知道竟然有可能與她在天堂的拉布拉多聯繫。

希望是個獨一無二的女孩。乖巧聽話，拾獵技巧高超，是非常聰明的狗狗。我們才剛收到她的治療犬證書，我很興奮，因為她的生命之禮會為需要幫助的孩子帶來幸福。但令人難過的是，我們出了車禍，而受傷的她沒有撐過來。

有希望的生命非常圓滿，但當她過世時，一切戛然而止。我想念她，但我更想念的是在一起的我們，我們是一個團隊。我從來沒有——完全沒有——想過她會死掉，這樣的我很不切實際吧。然而，我就這樣陷在漆黑的痛苦循環當中，完全走不出來。

在她過世後大約一個禮拜，我在廚房準備午餐。我抓了一條麵包的同時，一枚十美分硬幣掉到地上。我彎下腰去撿，但完全想不出這硬幣是哪來的。我把硬幣放在櫃子上，繼續準備食物。我打開冰箱拿美乃滋時，另一枚十美分硬幣掉到地上。我立刻轉頭看剛剛那枚硬幣是不是還在櫃子上——嗯，還在原位。我把第二枚硬幣撿起來看，開始有點好奇。

我現在已經有一整罐十美分硬幣了。硬幣總是在我最需要希望的時間點出現——有時掉在地上，有時在地上滾啊滾的。希望啊……我還能說什麼呢？我一直都知道她是個特別的女孩。

——瑞秋G，丹佛，科羅拉多州

無論徵象出現在什麼地方，背後的訊息都很清楚明白。可愛的毛小孩在與我們分享一則非常特別的訊息：「我一直在你身邊。什麼都不用擔心，因為你永遠不是孤單一人。」

第六章　車牌號碼、交通標誌與看板

「如果我能有我的狗狗一半好，我會成為比現在好上兩倍的人類。」

——查爾斯・尤

在車牌上看到一則訊息、一個名字，或是一組特定的數字，都可能是很直接且專屬於你的徵象。比如說，開車停紅燈時，回想起摯愛的寵物，這時你看見停在前方的車輛，車牌上寫著：「我♥查理」。

你愣了一下，驚訝的問自己：「這會不會是個徵象呢？」其實你早就知道這的確是徵象，現在只需要相信而已。你忠誠的寵物，在對的時間將你帶領到這裡。然而，要相信可能真的很困難。「共時性」在我們的生命中扮演很重要的角色。寵物能夠在我們面前，讓諸多事件同時發生；對牠們來說這是很容易的事，而且也的確能成功吸引我們注意。狄妮絲的經驗就是最佳範例——她一口氣收到了好多訊息。

首次見到徵象時，她十分懷疑。但到了第二次，狄妮絲就完全改變了想法。

在一個明亮的大晴天，我和妹妹無意間開上了一條道路，前往喬治亞州伯利恆市的一個寵物墓園。我們被城市的名字吸引了過去。在巷弄裡鑽來鑽去時，我們遇到一個叫做「查爾斯寓所」的墓園。

我馬上想起查理，但這絕對不可能是他給我的徵象吧？查理是我養的第一隻狗狗，是個名副其實的小跟班。查理不只是隻吉娃娃，他其實就好像人類一樣。一小時後，我們決定如果能找到一家餐廳，就要停車吃頓飯。而在我們談天當下，路邊出現一個招牌，上頭寫著：「查理的餐廳」。絕對沒錯，我知道一定就是查理。現在，我已經知道怎麼找到他給的徵象了。查理還那麼愛我，讓我感到很窩心。

——狄妮絲O，艾利嘉，喬治亞州

透過**共時性**——也就是有意義的巧合——寵物能夠帶我們到需要去的地方。比如說我們開車在路上，沒特別留心別的事情，只是隨意往旁邊的大看板瞄了一眼，就看到上面寫了「謝謝你愛我」，或可能是「想不到吧？我在這裡喔！」

我們從另一個世界收到了訊息——這是件非常神奇的事情。當然，還有其他上千人會看到同一塊看板，但沒有人能像我們一樣體會到那些文字背後的意義。為什麼呢？因為我們已經開過那條路不下百次，但從沒看那看板一眼。我們總是在想別的，專注在工作、生活、人際關係、孩子或其他事情上。

但在這天，我們正好抬起頭，映入眼簾的是一連串特別的文字。就在那一瞬間，新的語言開始成形——而生命在這巧妙的時刻開始改變。

我們親愛的寵物有這個能力，會傳給我們非常特別的訊息。這些訊息叫做「愛的禮物」。貝琪便收到了一份很棒的禮物——艾比翩然踏入她的生命中，改變了一切。

在下著雪的寒冷一月早晨，我坐在電腦前。我就好像被魔杖施咒一樣，突然上網搜尋了一個明尼亞波里斯K-9的救援中心網站。網站上有隻已步入老年的狗狗，名叫艾比佳爾，正在找一個永遠的家。二〇一一年二月十一日，艾比成為我們家中一份子，當時再過幾週就是她十三歲的生日了。

寄養家庭的媽媽，跟我們說了艾比的所有事情，接著，她在艾比耳邊輕聲呢喃：「掰掰，咩咩。」這是寄養媽媽給艾比起的小名，我們很快就知道了名字的由來——艾比剪毛之後，看起來就像隻可愛的小綿羊。

艾比適應得很快，當她踏著快樂的小舞步時，我們就知道她很高興能夠成為家中一份子。沒錯，她很享受明尼蘇達的生活（甚至包括雪），也喜歡廣闊的戶外。艾比已經聽不見了，視覺也退化，但沒關係。她過得很開心，對生命充滿熱情。

我們不知道開心的時光已慢慢開始出現變化。二〇一二年十一月，艾比的美容師在她脖子上發現一個腫塊。檢查確認她的舌頭有鱗狀細胞癌。獸醫說，因為癌細胞已經擴散到她的淋巴結，所以我們束手無策。

我不打算這麼輕易放棄艾比。我請一位動物溝通師幫忙，艾比很感激有對話的機會。艾比跟溝通師說：「我很快就要完成生命的功課，已經準備好離開了。我愛我的新家人，他們都是很棒的老師，我要學習無條件的愛，而且我知道我會得到好多好多無條件的愛。謝謝妳跟我說話，謝謝妳讓我能夠表達出我的感受。」

接下來八個月，在艾比的抗癌路上，我們給她無微不至的照顧與支持。她在動物療癒之家進行療程，當地的氣功大師為她的腫瘤進行遠距療癒；我則借助天使的治癒力量，也使用精油與礦石來幫助她。

艾比的腫瘤沒有變大，也沒有擴散到身體其他部位。但她的舌頭開始慢慢萎縮，所以我們用湯匙餵她吃飯，也弄了噴泉式的飲水器。三月體檢時，獸醫老實說，她本不認為艾比能活過春天，但她撐過來了。

艾比健康狀況惡化的前一個禮拜，我醒來聽見：「我們沒有什麼能做的了。」幾天之內，她的腫瘤像野花般擴散。在艾比最後一次寵物溝通中，她說：「如果我的家人準備好了，那麼我也準備好了。」艾比不想讓我們自己做決定，不想要讓我們有負擔。

二〇一二年七月二十九日，艾比去當天使了。我們與她共度那個早晨榮耀她，給她吃她最愛的早餐，一起坐在外頭的花園裡——這是她最喜歡的地方之一。我們遇見了好多徵象。最後一次全家一起散步時，我們找到一片白色羽毛，和一枚一美分硬幣。最後一次全家圍著火爐聚在一起，我們接收到了天使的火焰。前一晚睡前，大家用麥根沙士敬艾比，而玻璃杯中出現了愛心的形狀。

艾比十六歲冥誕那天，一臺停在我面前的車，車牌上寫著「BAH（咩咩）」。錯不了，這是來自艾比的徵象。在我第一個沒有她共度的生日，又出現了另一個車牌，上面寫的是「咩咩咩（BAA）」。我好喜歡收到她的訊息。

——貝琪N，布魯克林公園市，明尼蘇達州

為了讓我們接收到這些訊息，毛孩會用各種有意義的巧合，將人事物都帶到徵象所在的地方。牠們用無比神聖的愛，向我們傳遞訊息與徵象。如果牠們的訊息能夠發出聲音，內容一定是：「我們的愛永遠不會消逝。」

第七章　雲朵成形

「如果有天我們不能繼續在一起了，把我放在心上——我會永遠待在那裡。」

——《小熊維尼》

很多人認為我們看到的雲朵形狀會預示未來；也有人覺得，雲朵是暗示一個人當下的心理狀態。無論我們相信哪個說法，有件事是可以肯定的：雲朵形狀刻畫出了我們心中的想像。

在雲中看見毛孩的臉蛋、美麗的天使，或是摯愛親友的相貌——這普遍被認為是一道神聖的意旨。這些徵象不僅充滿了愛，同時能預言未來、道出智慧之言，而且還頗為神祕。

你有沒有在雲中看過有趣的形狀呢？如果有，那你不是唯一一個。雲朵有各式各樣的形狀與型態。有些模糊朦朧，有些則明確可辨。

讀出雲朵的形狀，就能帶來另一個世界對生命的引導，讓你積極面對生活。有時候，我們很難明白已逝的毛孩有什麼能力。然而，如果我們能暫時把困惑丟在一邊，專心在實際收到的禮物上，就能夠開始瞭解，這一切都是因為愛。毛孩從另一個世界持續不斷的付出，真的可以幫我們消除生活中所有的疑慮。

雲中可能會出現你的狗狗、貓咪或鳥兒的形狀，或其他任何形狀。泰瑞莎在她的貓咪過世後不久，抬頭望向天空，竟然看見了奇特的輪廓，讓她驚訝不已。

毛球是一隻雙色貓女孩，我在她還是小貓時就養了她，她是我喜悅的泉源。這十六年半來，有她的陪伴真的很快樂。當她的生命即將走到盡頭時，狀況真的很差，我得做出痛苦的決定，讓她回到貓貓們的天堂。

不得不讓牠走，這種感覺真的很難受。我回到家，還是一直拼命和自己的思緒拔河，不知道我的決定是不是對的。站在廚房洗碗時，突然想要抬頭看天空；當我望向雲朵時——雲的形狀，完美無缺呈現出一隻坐著的貓咪。

我感動至極。毛球給我這個徵象，讓我知道她已經在天堂了。知道她安然無恙，我的心平靜了下來。

——泰瑞莎C・卡加利，亞伯達省（加拿大）

另一個世界沒有我們認為的那麼複雜。毛孩想要維繫與我們的連結，會常常與我們聯繫。在與另一個世界溝通時，唯一的障礙是我們自己：要嘛我們不相信來自另一邊的聯繫、不知道從哪找起，要嘛就是我們不相信毛孩送出的徵象與訊息。

懷疑，是人們錯過訊息的最大原因。

當你想要一個徵象，或需要一個徵象時，抬頭看看天空。

研究你頭上的雲。跟毛孩說你想要一個雲朵的徵象，然後給牠們幾分鐘，來編織雲朵的形狀，你可能會看到令你驚訝不已的結果。

愛是讓我們相繫在一起的關鍵。我們自己的靈魂，是由我們所共有的愛形塑而成的。這些訊息專屬於你，在你需要慰藉時出現，正表現出我們與另一個世界環環相扣的關係。就好像麥克與他狗狗靈魂的交流，他們之間的連結，完美體現了神聖之愛。

與我在一起將近十二年的米格魯狗狗魯佛斯，突然過世了。有天下午我下班回家，在魯佛斯的床上，發現他已無氣息的身軀。不用說我有多麼心碎，而就算我已經是個歐吉桑了，我還是會大方承認自己真的哭到不行。自從他走後，我見過幾個徵象。有天傍晚，我求他讓我知道他現在平安無事，而大約半小時後，我走到門外抬頭看。天空中掛著一個完美的心形雲朵。一看到那朵雲，我馬上覺得整個人充滿了幸福與平和的心情。毫無疑問，那是我的好孩子魯佛斯在告訴我他他很愛我，而且還在這裡陪著我。他後來還是一直與我聯繫，很喜歡固定派瓢蟲或白色蝴蝶來找我。魯佛斯，爹地好愛你也好想你。

——麥克B，吉爾伯特，亞利桑那州

當我們敞開心房與胸懷，就會開始發現那些引人注意、生機蓬勃的徵象。雲朵會為每個人呈現出特別的形狀，在重要的時刻出現，讓人們能夠得到安慰。艾比逝世後，貝琪收到一則甜蜜的驚喜訊息，她滿懷感激地哭了出來。

我們當地一個罹癌的少年，在獨自踏上一人的旅行時，於途中寫了首名為〈雲朵〉的歌曲。他比艾比早兩周過世，而當時，我救回來的老狗狗艾比，也正在與癌症搏鬥。

在艾比去當天使那天，我們一次又一次播放少年譜寫的曲子。曲子帶來了慰藉，讓我們在小寶貝逝世這天依然積極堅強。她過世之後，我抬頭看向天空，雲朵形成了一對完美無瑕的天使翅膀。我們寶貝的女孩兒，在告訴我們她沒事，已經安然無恙地回到家了。

——貝琪N，布魯克林公園市，明尼蘇達州

放心信任毛孩的靈魂。牠們還在世時無條件地愛著我們，這樣的愛會一直持續下去，直到我們再次見面那天。寵物樂於給我們徵象。而當我們真的「看到」徵象，毛孩會更興奮，迫不及待想再給我們其他的徵象。梅麗莎經歷的事件讓她驚訝不已；她知道自己眼睛看見的確就在那裡，但心裡實在很難相信這是真的。

有個早上，我抬頭望向天空。通常我不會花時間看天空，但那時，雖然不知道原因，但我就是覺得非得抬頭不行。我不敢相信自己的眼睛。在天空中，有一個雲朵形成的完美笑臉。我用力眨眨眼又看了一次，雲還在原處。我跪坐在地，嚎啕大哭。

兩天前，我的小柯基過世了。他和他最喜歡的黃色小毯毯埋在一起，而毯子的圖樣正是滿滿的笑臉。我很確定，是托比在用他的方式讓我知道，他在天堂過得很好。我現在常常看著天空，找尋他給我的徵象。

——梅麗莎P，斯巴達市，肯塔基州

當寵物送給我們雲朵形狀的禮物，牠們傳遞的是很棒的訊息：「我們擁有的愛無法衡量。請相信我，我會永遠和你在一起。」

第八章　夢中探訪與預視

「如果有勇氣追尋，我們所有的夢想都能夠成真。」

——華特・迪士尼

夢見自己的寵物，是很常見的事情。因為我們睡著的時候，會處在一個「過渡區域」，將我們的肉體與精神世界連結起來。

睡眠狀態下，我們用來工作的精神與心智也在沉睡。我們常在清醒時忽略不去想的事情——比如過世寵物的樣貌——睡著時就無法忽視不管。相反地，在睡夢中的世界，毛孩會變得比平常更加活躍。

對我們的寵物而言，睡夢中是探訪與聯繫的最佳地點。我們與寵物、親友、靈境嚮導，以及／或是天使之間，有著來自另一個世界的連結，他們會用夢境，來傳遞愛的訊息。

在夢中探訪時，寵物會呈現出牠們原本的樣子，好讓我們看見需要明白的事物。夢境給了牠們清楚溝通的機會，有時牠們也會使用心電感應。毛孩在夢境中現身，讓我們看看牠們健健康康的樣子、牠們的新生活，以及在另一個世界的新開始。

不只如此，雖然只是短短的一小段時間，但夢中探訪給了我們再次見到心愛毛孩的機會。毛孩知道我們有多想念牠們，有多想跟牠們在一起。如果可以的話，牠們一定會試著在我們睡著時來訪。

夢中探訪很容易辨識。其中一個最明顯的差異，就是一切都感覺如此真實。

醒來的時候，你會信誓旦旦地說，那種感覺就跟自己清醒時一樣真實。甚至會覺得：「哇，感覺就像真的一樣啊！好像他（或她）就在我身邊一樣。」

夢中探訪也很栩栩如生，這些夢境會一直存在你記憶中好幾天、好幾個月，甚至是好幾年，你可能一輩子都不會忘記。

出現在你面前的心愛夥伴幾乎都非常健康，而且行為舉止很可愛。用意是與你分享牠們的愛，希望你知道牠們的痛苦已經釋放、悲傷已經消失，或是疾病已經康復。

羅賓的貓咪安柏，希望羅賓知道牠對她的愛有多深厚。透過夢中探訪，牠得以安撫她的悲痛。

我讓我的貓咪安柏安樂死之後，曾經做過一個夢。當時我還不相信寵物死後會發生的各種事情。我非常絕望，不知道原來失去寵物，跟失去親友一樣悲痛。

安柏來夢中找我的時候非常健壯，告訴我不用這麼悲傷。他說自己現在已經好多了，會在我入睡後來夢中看我，但沒辦法見面太久。這場夢——現在稱之為探訪——非常安慰人心，清晰透徹。就好像昨天才夢見一樣，我永遠不會忘記。一位很厲害的靈媒跟我解釋，訊息是用英文表達的，因為靈魂溝通時，共通的語言是心電感應。為了讓我們理解，所有內容都會幫我們翻譯好。安柏給我的禮物多麼珍貴啊！

——羅賓泰特，多倫多，安大略（加拿大）

訊息通常都會讓人感到很安慰。透過心電感應，毛孩可以跟人類使用一樣的語言。你可能會聽見這樣的話：「我很好。我很安全。我愛你」，或是覺得自己聽到：「請不要難過，我會一直跟你在一起。」

很多人說，從探訪之夢醒來的時候，會感覺到平靜與愛意。也有人說覺得非常悲傷，因為他們還沒領會，或不相信他們的寵物，在身體死亡後，還能夠跟他們交流。

毛孩也常常會探訪家中其他成員或朋友，讓他們知道自己一切安好，甚至會捎來一些要傳達給你知道的事情。

這類探訪夢叫做**第三方探訪**。透過這個簡單的方法，寵物可以直接把訊息傳遞給你。這種特別的傳遞方式，不見得會有文字，但毛孩實際的存在感、開心的汪汪聲、閃閃發亮的毛髮、牠們臉上的笑容和搖來搖去的尾巴，一樣清楚展現出你和毛孩之間美好的連結。順帶一提，沉浸於極度悲傷的人，或是無法記得自己夢境的人，會比較容易遇到第三方探訪。

無論用什麼方式溝通，內容都一樣明確。毛孩可能會給我們看圖像符號，或用心電感應，來跟我們說話。牠們用心電感應的時候，你會記得自己聽到了寵物的聲音——沒錯，在另一個世界，我們的寵物可以說話，也真的會來跟我們說話。在一次夢境探訪中，珊卓感應到了她的約克夏，知道自己的寶貝平安無事。

去年，萊西被診斷出非常嚴重的癌症。她當時十三歲，獸醫束手無策。他們建議我帶她回家，與她度過剩下的每一刻。接下來兩個月，我每晚都和她躺在沙發，那個我稱之為「她的安寧小毯」的位置上。我看著萊西褐色的大眼睛，開口問她：「萊西，當妳抵達彩虹橋的時候，能不能給我一個徵象，讓我知道妳已經到那邊了？」

我告訴萊西，彩虹橋是個很棒的地方，而她就只是這樣看著我，眼神彷彿在說，她完全知道我在說什麼。萊西過世大約一個月後，我碰巧點入琳・拉根（本書作者）的臉書頁面，看見一張萊西站在彩虹橋的照片。我驚訝的不知如何是好，眼眶滿是淚水。我知道那是萊西要告訴我她安全抵達了。然而，最棒的徵象發生在上個月。我做了探訪的夢。

夢境非常生動，非常真實。萊西的毛捲捲亂亂的，她好漂亮，看起來就像隻全新的小狗狗。我對她大喊：「是妳嗎，萊西？」接著，我從夢中醒來，感到又開心又平靜。絕對沒有錯，是萊西來告訴我她真的平安無事。

——珊蒂R，斯圖亞特，佛羅里達州

當人們見到已逝寵物時，常常覺得頭昏昏的，或感到很困惑，無法確定自己是醒著還是在睡覺。當貝琳達的貴賓狗狗出現在面前時，她就是這種感覺。

我十三歲時，非常喜愛我家的黑色小貴賓犬夏綠蒂。不管我到哪裡她都會跟著，我們一起去海灘、公園，或是朋友家，而且她每晚都跟我睡在一起。有天傍晚，夏綠蒂跑到一臺車前面，結果被車撞了。我又哭又叫，想試著幫她做口對口人工呼吸，但救不了她。幾分鐘後，夏綠蒂走了。我從來沒哭得這麼慘，我非常非常想她，沒有夜燈就睡不了。那時，我不確定自己是醒著還是睡著了，但我感覺得到她離我很近。當我掃視房間時，夏綠蒂就坐在那裡，在夜燈前面看著我。

我常常在想，那個晚上，夏綠蒂是不是來跟我說再見的。她離開後，我花了很長一段時間療傷。我真的好愛好愛她。

——貝琳達O，維克多維爾，加州

我們的毛孩會讓我們看見牠們的身影，或清楚地看見發生了什麼事情，讓我們得以知道那些牠們想傳遞的訊息。琳恩寶貝的小夥伴盧比，就給她看了一幕特定的景象。

我和我先生救援了一隻長毛臘腸——盧比，當時她兩歲。盧比跟我很親密。今年五月，我帶她到獸醫那兒去洗牙。她今年十歲，沒道理會出什麼身體狀況。中午的時候我接到電話，通知我她的手術順利，四點就可以過去接她。幾小時之後，我又接到一通電話，跟我說盧比沒辦法呼吸，我得帶牠去找專科獸醫。盧比被診斷出吸入性肺炎，接受了五天治療，但卻毫無成效。我必須放手讓牠離開，我非常絕望，心碎至極。

我拿到盧比的骨灰時，請她給我一個徵象。過了兩個晚上，當我躺在床上時，我看見盧比的臉蛋，時而清晰時而模糊。接著，我看見她坐在一個身穿白裙的女人膝上。我一直沒看見那個女人的臉，只看到盧比坐在她腿上。我鬆了一口氣，感到非常安慰，因為我知道盧比平安無事。

——琳恩 P，帕姆港，佛羅里達州

在帕梅菈的狗狗走失時，她所接收到的預視給了她一絲特別的希望。

兩年前的情人節當天，我的狗狗猶大不見了。每次我叫他的時候，他總是很快就會回應，但這次我知道事情不太對勁。我們花了二十四小時苦苦尋找，但是沒有找到猶大。隔天，我走進樹林旁的後院，其實那邊我早就找過了；接著，我看見猶大向我跑過來的畫面，他的身影看起來非常清晰。我滿懷喜悅地哭了，重燃起希望。

兩小時後，我感覺到猶大就在附近。我向外頭走進後院，到了稍早我被吸引過去的那個地方，而猶大就在那裡。讓我心痛的是，有個喝醉的鄰居，在我們家旁邊的一條泥土路上毆打猶大，然後把他丟在那邊等死。然而，猶大用兩隻前腳，把自己拖了好長一段距離回家。他的骨盆有三處碎裂，但後來完全康復了。現在猶大健壯地跑跑跳跳，就跟我在那段預視裡見到的樣子完全一樣。

——帕梅菈K，巴拿馬市，佛羅里達州

夢中探訪與預視，滿溢著平靜與愛意。對我們來說最特別的毛孩們，不論是在這裡或另一個世界，都只想著一件事情：就是讓我們知道，牠們的愛是毫無條件的。

第九章　天使數字

「在殘酷的世界中，保有一顆柔軟的心；這是一種勇氣，不是懦弱。」

——凱瑟琳・漢森

在另一個世界，數字有重大意義，非常非常重要。我們已經習慣幫所有事情都標出時間與日期：出生、死亡、晚餐、工作、婚禮、特殊場合等等。寵物們很容易透過有代表性的徵象——比如說數字——來提醒我們，牠們就在身旁。

我們視線所及的所有地方，會開始出現很多重要的數字，尤其是在特別節日期間。我們可能會看到寵物的生日、牠們過世的日期，以及牠們出生和／或過渡的時刻。也可能看到突然出現的三位數字——但以前從來沒看過。

在哪裡看見數字不是重點。這些數字可能出現在時鐘、手錶、大貨車後面、郵筒、地址、臉書貼文、車牌、路標、書本、雜誌，或你瀏覽的網頁上。

與毛孩一起找出數字，解讀數字背後的意義，會讓我們覺得更靠近牠們，也更接近我們的天使。這種連結讓毛孩可以打開一扇門，導引出一段富有平靜、愛與信仰的美妙關係。在看到數字徵象時，有件重要的事：收下這份毛孩送的神奇禮物。數字徵象又稱為「天使數字」，這樣的訊息，是透過一連串數字來傳遞的。一定要記得說聲謝謝——感謝毛孩與我們聯繫，感謝牠們在另一個世界，還持續著這段關係。

幾年前，我偶然發現一個網站，幫助我解讀了未婚夫奇普傳來的數字徵象。當時，我還不知道這些訊息有多重要；過了幾個禮拜，我開始跟隨他的 123 數字徵象到處去。他在二〇〇八年一月二十三日離世。架設網站的人是喬安沃姆斯利，這是個很棒的網站，能夠幫人們解讀寵物從另一個世界傳來的數字徵象。喬安設計的網頁真的提供了非常多資訊，讓大家都能上去瀏覽與研究。以下是該網站網址：sacredscribesangelnumbers.blogspot.com

在網站首頁，喬安講述了關於重複出現數字的重要訊息：「你不只要看見，還要認出這些重複出現的數字序列——這件事的重點在於，你是有意識地看見這些數字。在這時間點，你的天使們正在直接與你溝通。這些訊息專屬於你，跟你自身、還有你的生活有關。你可以自己決定要不要花時間走進內心，聽從直覺與真正的自我，然後找出訊息要告訴你什麼事情、對你而言有什麼意義。只有你自己知道你內心真正的樣子。」

聽從自己的直覺，聽從內在本能的反應，是我們都有的精神財富。然而學習如何傾聽，卻是大多人都有點難做到的一件事。

寵物靈魂給了我們**數字徵象**這份禮物，光這件事本身，就是充滿祝福的寶藏。若我們選擇採取行動，便可以更進一步找出數字徵象代表的意義。以下簡短節錄喬安網站中的數字序列，或稱天使數字，以及它們代表的心靈意義。

111——把你的想法記下來。密切追蹤，思考你最想要的究竟是什麼，而不是一直想自己不要哪些東西。

1111——機會即將降臨，而且你正在用閃電般的速度形塑出各種想法。要抱持積極的想法，利用宇宙的正面力量實現你最深沉的渴望、願望與夢想。（於章末可看到更多本數字序列的資訊）

222——長遠來看，一切都會有圓滿的結果。你要了解到，為了所有人的最高福祉，靈魂會解決所有事情。

2222——你初萌芽的想法已經開始成形，而且將會實現。你很快就能有突出的表現，所以請保持積極的態度，繼續好好努力。豐碩的回報就在眼前。

333——對人性要有信心。不論在哪個階段，天使都會跟你一起努力。祂們一直愛著你、引導你，也保護你。若你對生命的目的感到茫然困惑，呼喚天使來幫助你，祂們正在等待你的召喚。

3333——你的天使們此刻就在身旁，用祂們的愛、支持與陪伴讓你能夠心安。請時常呼喚天使吧。祂們知曉你的處境與狀態，知道要用什麼最好的方式來達到萬物最佳的狀態。在接下來的生命階段，祂們會幫助你、帶領你。天使在等待你的召喚。

444——什麼都不用害怕。一切都在軌道上，萬事皆好。你一直在嘗試和努力的事情會有良好成果。愛你、支持你的天使們環繞身旁，祂們的幫助永遠伸手可及。

4444——你的天使們圍繞著你。祂們在你身旁，透過祂們的存在、愛與幫助好讓你心安。天使們鼓勵你繼續朝向目標與志向努力，因為成功和成就已在眼前。只要尋求天使的協助與引導，你隨時都能得到幫助。

555——生命中將有重大的改變，而且非常劇烈。天使數字555告訴我們，重要的轉變已經到來，你有機會破繭而出，揭開精采的生活。身為有靈魂的存在，你值得擁有豐富的生命。你真正的生命意義與道路正等著你。

5555——這是來自宇宙的訊息，顯示出你的生命將會經歷重要改變，帶來新的自由。你有機會活出真實的自我。

666

——現在該專注在你個人的心靈上，好平衡和療癒你生命中的各個問題。敞開胸懷，接受來自人們與天使的幫助、愛與支持——他們都歡迎你。要樂於接納，接受你所需要的協助。

6666

——你的天使們，要你在精神與物質兩層面之間好好平衡思緒。要保持信仰，要堅信你的需求都會得到滿足。天使希望你專注在精神與付出，也希望你知道，你在物質與情緒的需求，最後自然而然都會如願。

777

——你一直以來都聽隨神聖指引，而現在，你正在生活中實踐那樣的智慧。是時候為自己的辛勤努力收獲成果了，做得好！你的成功是積極的典範，能夠激發、幫助和教導他人。這個數字是正面的徵象，代表生命中非常有可能會出現奇蹟。

7777

——你走在正確的道路上，把事情都做得很好。因為你很努力，積極付出，所以必會得到應有的回報。你的心願與渴望已然成形，即將實現。這個數字是非常正面樂觀的徵象，你可以期待未來有更多奇蹟會發生。

888——宇宙全然支持你生命的目標。生命中的一個階段即將告一段落，這個徵象是要你做好準備，也為你接下來的生活做好準備。宇宙富足興盛、慷慨大方，想要給你獎賞。不論現在或未來，你都能夠荷包滿滿。

8888——隧道末端的亮光已經出現。除此之外，這個訊息告訴你，做決定時不要拖拖拉拉，而且當下就要享受努力帶來的成果。做你喜歡的決定吧，這是你的獎賞。

999——現在，這個世界需要你運用天賦，實踐你神聖的生命目標。不要遲疑，踏上旅途開始你神聖的任務吧！現在正是你領悟真正的心靈、生命的目標，並好好付諸實行的時候。

9999——讓自己抱持積極正面的態度，過鼓舞人心的生活，好為他人樹立典範。繼續發光發熱。

以下是幾個已有數千人認可的常見天使數字。

911

——這是非常有靈性的數字，鼓勵你成為光之工作者，追尋生命的目標與靈魂的任務。你會在此有所共鳴，得到心靈上的意識與領悟；你在努力工作之後，可以收獲隨之而來的回報。

天使們在告訴你，因為你積極的想法、動機與行為，一扇全新的門已為你而開。善用這個機會，滿懷信心堅定的向前走——你正在完成因果的命運。

你的目標已幾近完成，並且／或者你正在接近生命中一個階段、或一個循環的結束。這代表一扇門即將關閉，而另一扇門正要開啟。舊的不去、新的不來。

11:11

——要非常注意你一直以來的想法與意念，因為它們正快速地展現在你的生活中。要確保你抱有積極正面的信念、想法與心境，好為生命帶來富足平衡的能量。

要用正面樂觀的態度，來面對新開始、新機會和新計劃；它們之所以出現在你生命中，其實有很充分的原因。你的天使希望你能達成目標與願望，開花結果。所以不要懷疑，積極向前。

許多人將重複出現的1111數字聯想為警示，或開始的信號，以及／或是覺醒密碼，或是意識密碼。也可看作是解放我們潛意識心靈的關鍵，提醒自己：我們是正在經歷有形經驗的靈性存在，而非正在開拓心靈經驗的有形存在。

注意到1111重複出現的頻率後，你可能會開始在生活中遇見更多有特殊意義的巧合，或奇蹟似的偶然。有時候，當你正要經歷重大的靈性領悟或某種頓悟時，1111 這串數字就可能出現在你的現實生活中，代表即將到來的改變或轉移。

發現 1111 出現時，要留意你那個當下的想法，因為這串數字代表你無形的信念與思緒，與你實際上的狀態是一致的。比如說，如果你在看見 1111 時，正抱著靈感滿盈的想法，就表示這個念頭會有成果，你可以積極採取行動。

另一本可以準備在手邊的好書，是朵琳．芙秋寫的《天使數字 101：111、123、444，與其他數字序列之意義（暫譯）》（Angel Numbers 101: The Meaning of 111, 123, 444, and Other Number Sequences）。這本書解釋了當你一直看到同樣的數字序列時，要如何從天使或摯愛手中接收到正確的訊息。

數字——或說數字序列，是毫不拐彎抹角的徵象，非常直接。我們可以看見、跟隨這些徵象。無論我們做什麼或去哪裡，它們都存在其中，隨處可見，所以如果我們學會留心注意，很容易就能看見數字代表的徵象。

安琪拉的狗狗溫斯頓過世之後，她開始注意好幾個不同的徵象，其中一個就是數字。

我點開手機時，螢幕上顯示的時間是4:44，所以我查了天使數字的涵義，上頭寫著：「什麼都不用害怕。一切都在軌道上，萬事皆好。你一直在嘗試和努力的事情會有良好成果。愛你、支持你的天使們環繞身旁，祂們的幫助永遠伸手可及。」我不知道自己是該大哭一場，還是開心地跳起來。溫斯頓是我完美的小天使，我真的很高興。

——安琪拉T，哈羅蓋特，英國北約克郡

注意到數字徵象的存在，並等待數字徵象到來，會幫助我們踏上一條道路，而靈魂將成為旅途中的嚮導。對毛孩來說，要吸引我們注意，數字是很簡單好用的方式。當瑪莉琳知道自己的貓咪正在試圖與她產生連結時，她目瞪口呆。

我七十歲生日時，兒子給了我一張禮物卡，可以去找靈媒解惑。我不相信諸如此類的事情，便把禮物卡扔進了抽屜。我的貓咪佩蒂小姐過世後，我常常想知道她在另一個世界發生什麼事。我們在一起十二年，但現在什麼都沒有了。

我朋友叫我找找佩蒂的徵象，但我覺得這也是胡說八道。後來，有天下午我手機響起，是「那個」靈媒想跟我談談。原來是我兒子擅自幫我預約了時間，因為他知道我是不會去預約的。我不想這麼做，但我還是聽聽她怎麼說。

我的家人都過世了，所以如果她不是真格的靈媒，也很容易知道她是不是在胡謅一通。幾分鐘後，她問我是不是曾經養過一隻母貓，名字叫做佩特，或佩蒂，現在已經過世了？我震驚到下巴都掉了下來。接著她又問我，是否在時鐘看過 11:11 這個數字。的確有，我一直看到這串數字。她問我是否有在房子裡或床上看過羽毛？有，我看過。我在廚房和我床上看過幾根羽毛——她怎麼會知道這些事？

接著她說，「那是佩蒂要給妳的徵象。妳看到這些徵象時，就是佩蒂想要妳感受到她用滿滿的愛意擁抱著妳。也許她已經離開這個世界，但她在精神上永遠與妳同在。」那是我接過最棒最棒的電話了。

——瑪莉琳B，瓊斯草原，德州

毛孩傳送數字訊息給你時，牠們想傳遞的內容非常明確——「你知道我有多愛你、多喜歡你，我真的非常以你為傲。」

第二部

看見靈魂現象

第十章　靈魂蒙蔽

「地球是為了所有生命而存在——而非僅為了人類。」

——A・D・威廉斯

「靈魂蒙覆」對我而言是個新詞彙。是在最近有了一次直接經歷才知道的。什麼是靈魂蒙覆？簡單來說，就是身在天堂的寵物，**導引**在世寵物的行為與動作。當在世的寵物，同意從已逝的寵物那邊接受某種指引，就是靈魂蒙覆。有些指引很簡單，像是教一隻新來的小狗狗家裡的規矩。比如說，過世的毛孩可能會教新來的狗狗不能咬爹地媽咪的鞋子，不能把書和雜誌弄爛，或是在地毯上大小便。逝世毛孩也可能會指引在世的狗狗，用跟牠們一樣的方式搖擺舞動，好讓家人們知道牠們還在身邊，只是改以不同的方式存在。你有沒有注意過，家中毛孩做的某些事情，會讓你想到已經過世的寵物？你可能會說：「欸，羅斯科以前也都會這樣耶！」特徵實在是像到太詭異了。對你在另一個世界的毛孩而言，這是一種**直接造訪**，稱作「靈魂蒙覆」。

很多人認為，一個靈魂要進入肉體，並在現世中生活之前，需要經過某種合約協議。靈魂蒙覆就是一種這樣的協議。根據一位可以看見動物靈魂並與之談話的靈媒布蘭特．亞特華特所言，離世寵物的靈魂蒙覆於在世寵物的過程是斷斷續續的。也就是說，我們在毛孩身上看到、讓我們想起已逝寵物特徵的那些動作或行為，只會持續短暫幾分鐘、幾小時、幾天，可能有時會到幾個月；但絕對不會延續成我們在世寵物的一輩子。

《動物轉世：你想知道的所有事情（暫譯）》（Animal Reincarnation: Everything You Always Wanted To Know）一書的作者布蘭特·亞特華特，分享過無數影片與文章，談論關於動物溝通的實用資訊。特別是在其中一篇文章，她說明靈魂蒙覆協議看起來也許像是寵物投胎轉世了，但實際上並不是。轉世意謂過世的毛孩會重生，並再次度過完整的一生，而不是像靈魂蒙覆這樣短暫的造訪。

人類身上也會出現靈魂蒙覆嗎？其實也會。但我們在此先把重點擺在寵物行為上。以下故事訴說人們在毛孩身上認出了自己熟悉的特性。貝琪和家人帶第二隻被救援的狗狗回家後，非常驚訝地發現，她的新寵物有一些與過世狗狗一樣的特質。艾比佳爾因癌症病逝只是前幾個月的事情，但艾比的靈魂已經在為另一隻狗狗的奇妙旅程做準備了。

艾比的第一批領養人中，有一位寄了電子郵件給我，說他們在一處乾枯的河床找到一隻狗狗。她表示狗狗健康狀況很差，需要找一個家。而因為這隻狗狗的眼睛，讓她想起艾比的雙眼，所以她馬上就想到了我。

於是在去年，我們迎接查理來到家中。驚人的是，他會跟艾比一樣快樂的舞動。而且，他也會做出一些跟她一樣的姿勢。查理永遠不會取代艾比，但我真心相信，是艾比帶他到我們身邊的。令人痛心的是，最近查理被診斷出淋巴癌，而且有心臟腫瘤。我們又再次踏上抗癌之路，但我們知道當查理跨過彩虹橋後，艾比會第一個等在那邊接他。

——貝琪N，布魯克林公園市，明尼蘇達州

有天下午，桑妮與朋友去海邊玩，而她們完全沒料想到，自己會經歷整整三次靈魂蒙覆的神奇造訪。

我和兩位女性友人到達海灘的時候，大家都注意到有一隻拉布拉多和主人正在玩球。這區海灘開放讓狗狗來玩，但我們之前幾乎沒在這兒看過任何狗狗。

突然之間，狗狗從水中衝出來，向我朋友吉娜跑過去。主人叫了牠好幾次，但狗狗都不理他。牠反而朝吉娜走過去，把球給她後在旁邊坐下，然後看著她的眼睛。吉娜最近剛失去她養的拉布拉多，所以常常心情不好，非常想念她的毛孩。那隻拉布拉多跑走後，吉娜說剛剛感覺就好像是她的狗狗過來跟她打招呼一樣。

我們在海灘上安頓好，舒舒服服地享受時，看到另一隻拉布拉多沿著海邊跑。令人訝異的是，這隻狗狗也跑離了自己的主人，朝吉娜的方向過來。這隻拉布拉多來到吉娜旁邊後，站在她身邊，然後把臉倚靠在吉娜腿上，凝視她的雙眼。真是超級特別的經歷。但更令人驚奇的還在後頭……

當天稍晚又發生了一次。海邊出現第三隻拉布拉多，一樣往我朋友那邊去。看到這麼多喚起她回憶的狗狗，吉娜很開心，但同時也相當吃驚。她感受到了過世毛孩對自己的愛，也知道這份愛意，是當天那三隻別人家的拉布拉多帶來給她的。是吉娜的狗狗在告訴她，牠也一樣愛她、一樣想念她。

那天之前，我們從未在海灘上看過任何一隻拉布拉多；而那天之後，也一隻都沒見過了。

——桑妮W，北港，佛羅里達州

埋葬灰灰之後，我一直想念著她。我收過一些小提示和小線索，示意她的靈魂就在身旁，但都還不致於讓我說出「啊！那就是她沒錯！」。直到發生了這件事。

有天下午我在洗衣服，沒留心注意其他東西。就在我經過客廳時，我注意到史酷比（我養的拉布拉多）坐得直挺挺地看著我。然後，他開始瘋狂搖尾巴，通常意思是他打算要幹什麼壞事，或他剛剛沒有乖乖的。

接著，史酷比做了我從沒看過的舉動，突然之間，我覺得自己眼前是一隻完全不一樣的狗狗。他慢慢把頭左右晃來晃去，然後開始一連串低沉的嗚嗚吼叫。當然，以人類而言我聽不懂他在說什麼話，但聲音好清晰，清楚到我可以聽懂每一個聲音中最後的振動。

首先第一點，史酷比不會這樣低聲咆哮，從來沒有過；第二點，灰灰倒是很常這樣低聲吼叫。這是灰灰溝通的方式，而且在她的世界裡，灰灰可以說是超愛講話的。我在原地僵住，凝視著史酷比的雙眼。他完全不動，我也沒有移動半毫。然後我就這樣開了口「灰灰，是妳嗎？」

——琳恩．R，亞特蘭大，喬治亞州

當我們透過無論哪種溝通方式，接到來自寵物靈魂的徵象時，牠們要傳遞的訊息都非常明確——「我全心全意地愛著你。」

第十一章　天使能量球

「幸福是我們所能擁有最珍貴的寶物。」

——《唐老鴨》

你有沒有想過，生命中也許還有很多肉眼看不見的東西？如果有的話，那麼你可以考慮小小研究一下一種名為「天使能量球」的東西。這些球體也稱作「靈魂球」。

什麼是天使能量球？

你有可能看過這種新現象，已經有上千人用數位相機拍到天使能量球出現。

大部分出現在照片中的能量球呈現實心或半透明球狀，也有心形和／或鑽石的形狀。大多是白色，也有人看過多種形狀與大小。有些看起來是實心的，也有些是凹凸狀，球體呈現白色或其他顏色。

能量球出現可能是想要鼓勵我們，或表示我們被愛意包圍。或是在生活中出現一些考驗時，激勵我們保持信心。

天使透過能量球的形式出現，就是祂們在祝福認出了能量球的人。

能量球的顏色代表什麼意義？

有時顏色表示能量球中蘊含的能量形式。能量球的顏色意義，通常會呼應要傳達給接收者——也就是你——的能量。

下方的顏色表，可以用於解讀寵物靈魂要表達的訊息：

• **白色**——白色的天使能量球，自然比其他顏色的能量球更常出現，因為守護天使就是透過這種能量球來移動。跟其他天使能量球比起來，人們比較常看到白色的能量球，而且看起來也更明顯（守護天使可能是我們的寵物、摯愛，或靈魂導引。）

• **綠色**——綠色天使能量球，會用神聖的愛獻給你療癒的力量。

• **藍色**——藍色天使能量球傳遞的是力量、保護、信仰、勇氣和堅定的心。

• **黃色**——黃色能量球的天使，希望你記得你的靈魂夥伴，給祂們一個擁抱。天使希望你接納愛意，因此給了你這份至高無上的禮物。

• **粉紅色**——這個天使能量球要給你愛的強大力量，以及平靜的能量。請你感受愛，感受平靜的心境。

• **紅色**——這個天使能量球要獻給你的是智慧。如果你在尋找問題的答案，發揮智慧與強烈的愛吧，你就會得到這個能量球的禮物。

- **紫色**——紫色能量球與你分享的是轉變的神奇力量，要相信靈魂，好好收下這份愛意。
- **橘色**——橘色天使能量球代表原諒。若你看到這個神聖顏色能量球，代表你必須要原諒——原諒自己、做了壞事的人、家人或是朋友。
- **銀色**——這個天使能量球要給你一則美麗的靈魂訊息。你是否想證明永生真的存在？想要知道你的寵物或天使是不是就在身旁？答案就在你眼前。
- **金色**——這個天使能量球獻給你無條件的愛，靈魂之愛是最偉大的愛。
- **棕色**——這個天使能量球代表地球的表面——要腳踏實地。你是不是花太多時間在關注天堂的事物？去吃個漢堡，或光腳在草地上走走吧——該把自己拉回地表了。
- **黑色**——黑色能量球是魔幻與神祕的信差。要相信看不見的事物，因為神妙的生命會從中誕生。

在心靈領域中，天使能量球被視為靈魂存在的證據，它們代表逝世寵物的本質或靈魂。在寵物或人的照片中看見靈魂球（或天使能量球）出現在身邊，代表寵物的靈魂或天使在祝福我們、保護我們，給我們力量。

如果你的相機有閃光燈，可以大聲呼喚你心愛的寵物，也可以悄悄在心中召喚，請牠們出現在照片中。牠們特別喜歡出現在歡樂的場合，例如：生日派對、節日晚餐或音樂會上。

拿到照片後就開始尋找天使能量球吧。如果在能量球中看到不認識的臉孔、一隻動物或一個微笑，不用感到驚訝。你也可能會在能量球中看到自己的毛孩，非常多人遇過。

很多人表示，當自己需要特別的人給予引導或安慰時，就會在照片中看到它們存在的證明。沒錯，我們從來不是孤單一人。幸運的話，有些人用肉眼就能看到天使能量球，比如說黛安。

我的貓咪安柏過世後，我一直在臥室看到一顆明亮的能量球。每晚我爬上床後，它就會從走廊進到房內，直接朝我飄過來。我偶爾會在球中看見數字，但大多時候呈現光亮狀，非常漂亮。我知道是安柏想讓我知道她還在我身邊。後來我又養了一隻貓咪後，就不常見到她了。但偶爾會看到我的新貓咪望著那條相同的走廊，認真地凝視著什麼。

——黛安B，馬斯登，紐約州

能量球出現會帶來極大的安慰，也是實實在在的證明，告訴我們毛孩現在以能量的形式陪在我們身邊。唐娜覺得自己不是特別好運的人，但她開始發現有不尋常的事情發生，其實這就證明她很幸運！唐娜是少數能直接看見自己天使能量球的人。

我有一隻白蓬蓬、毛捲捲的漂亮比熊犬，在兩年前被診斷罹癌。他的名字叫做漢克，體重有十二磅。他的癌症非常嚴重，雖然我很痛苦，但還是必須讓他安樂死。幾天後，我開始看到有小小的白色物質在我腳踝附近飄移。我養的另一隻小狗狗去睡覺了，所以我馬上知道是漢克回來陪在我身邊了，就像他還在世時一樣——漢克總是跟在我後頭轉啊轉的。

——唐娜J，印第安納波利斯，印第安納州

能夠**用肉眼看見**天使能量球，是非常奇妙、非常特別的事情。當我救援回來的狗狗去另一個世界時，我在幾分鐘之後就看見了她的靈魂球，真的非常幸運。

二〇一四年夏天，我從加州的一個撲殺收容所領養了兩隻老狗狗。一隻是十三歲的母混血比特犬灰灰，另一隻是十八歲的混血吉娃娃，名字叫做史庫特。牠們的境遇很可憐，我不禁生了惻隱之心。我當時已經養了兩隻狗狗，覺得如果再養兩隻毛孩，生活會更多采多姿。

事與願違，灰灰不喜歡家裡年紀最小的狗狗。灰灰很兇悍，時不時就攻擊牠們。幸好我還有備案：讓牠們先分開，直到灰灰比較習慣了，之後再找時間讓牠們互相認識。計劃照常進行，每隻狗狗從媽媽這邊分到的時間有限，但大家都能接受。很快我就神魂顛倒地愛上了灰灰這隻狗狗。

灰灰幾乎聽不見，視力也很差。但她是一隻很勇敢的狗狗，性格也很可愛，我完全被她融化了。日子一天天過去，她也一點一點展現出迷人的個性。灰灰很愛玩網球，喜歡高速衝刺，而且超愛用獨特的咆哮聲說話。我希望家裡原本那兩隻狗狗要遵守的規矩，這兩隻新來的毛孩都做得比牠們更好。

冬天很快到來，是時候讓大家共處一室開心玩耍了。我聘請了一位馴犬師，每次都花好幾個小時讓灰灰和其他狗狗一起訓練。灰灰進步神速。

到十一月，灰灰突然開始不吃東西。第二天後我們去看獸醫，很快發現她有腫瘤。灰灰得了癌症，來日不多。她的遭遇讓我崩潰大哭，這隻漂亮的狗狗命運多舛；原本的媽媽過世了，以前唯一的家人還把她丟到撲殺收容所，不管她的死活。而現在，她又得了癌症。

十一月十一日，我為即將過渡到另一個世界的灰灰烤了馬芬蛋糕。陌生人來給她打針時，我知道她會覺得很害怕。我希望這些小點心可以平撫她的恐懼。我永遠不會忘記那一天。灰灰躺在我腿上，我抹去她眼角的淚水。我不想要她離開。

灰灰被帶去火化後，我帶著史庫特走到外頭，哭個不停。接著，我發現她身邊有東西在動。我看著史庫特跳來跳去，注意到有個小小白白、呈半透明球狀的東西到處跟著她。史庫特看起來不太喜歡，但我很高興的看著小圓球朝她快速移動，在她頭旁邊飛舞，然後又啄啄她的尾巴、屁股跟耳朵。灰灰是隻深得我心的狗狗，而我竟然還能親眼看見她的靈魂跟她的哥哥玩在一起，我覺得自己真的好幸運。

——琳恩R，亞特蘭大，喬治亞州

如果我們覺得需要證明，就在傍晚時走到外頭吧，特別是滿月的夜晚，然後用閃光燈拍照。請你的毛孩來到自己身邊，好好感受牠們出現時帶來的喜悅。

在另一個世界，愛就是一切。

第十二章　完美時機

「吹過馬兒耳際的風，就是天堂之風。」

——作者不詳

感受到靈魂在身邊，跟時間因素關係密切。死後世界的聯繫也一樣，時間點很重要。當有兩件或兩件以上事情前後發生的時間距離很近，共時性就在其中扮演關鍵角色。

我們心愛的毛孩能夠編織出非常縝密的訊息。這種現象常被視為與靈魂接觸、踏入寰宇之流。瑪蒂有過以下經歷，感覺到她的馬兒就在身旁。

淑女是我的寶貝。她是一匹美麗的比利時重型馬，我們非常非常親密。不管我去哪裡她都跟著，就像狗狗一樣；我們走路時，她會把頭放在我肩上。淑女去世時我心碎至極，非常非常想念她。

有天下午，餵完我們其他馬兒後，我一個人走過穀倉。突然之間，我感受到馬兒鼻子的重量靠上我的肩膀，貼著我的臉大口喘氣。我當下第一個念頭是馬廄沒關好，有馬跑出來了。我很快的轉身，卻沒看到任何一匹馬。

我是個執業靈媒，所以我馬上知道那一定是淑女。她來告訴我自己還在這裡陪著我，只是方式不太一樣。淑女的愛是一份充滿祝福的美妙禮物。

——瑪蒂T，雷諾，內華達州

琳達是在經歷過後才知道，原來親身體會靈魂連結，是這麼美好的一件事。

多年前，我養過一隻叫做克莉絲的紫丁香暹羅貓。克莉絲非常可愛，一逮到機會就跑來坐在我腿上。她完全擄獲我的心，會爬到我胸前，把一隻手手繞著我脖子，頭靠在我下巴下面，輕輕柔柔的呼吸。克莉絲在一九八〇年代初過世了，我傷心欲絕。

二〇一〇年，我先生被診斷出癌症末期。他逝世前幾個禮拜，發生了一件美妙的事。當時我和他女兒在屋子外露天平臺上聊天，她突然開口：「妳看，有隻貓咪走過來了。」我轉過頭去，看見一隻很像克莉絲的暹羅貓，在連棟社區的公共空間走來走去。

牠朝我家的平臺過來，跳上階梯靠近我。貓咪坐下後看著我，接著跳上我的腿，爬到我胸前。牠伸出一隻貓手繞過我的脖子，然後慢慢把頭依偎在我下巴。我目瞪口呆。

幾分鐘後，我看到我先生克雷格走了出來，就把貓咪帶進去給他看。我們靠近克雷格的時候，貓咪對他伸出了一隻前腳。我回到平臺後貓咪就走掉了，後來我們再也沒看過牠。是一直到我先生過世，我收到他的徵象後，才明白那隻貓咪所代表的重大意義。

我在附近街上問來問去，看看貓咪是不是哪戶人家養的，但沒有人養那樣的貓，也沒人看過那隻貓咪。那隻貓的長相就像我的克莉絲，連顏色和行為都一樣。絕對不會錯的，那是我的暹羅貓的靈魂。那天，是克莉絲來給我安慰，同時也來安慰我丈夫——一個她從未見過的男人。

——琳達M，漢米爾頓，加拿大

當我們留心聆聽那些細小微弱的聲音時，就能**感受到靈魂的存在**。這是生命在溫柔提醒我們，要留心注意、跟隨徵象，看著在眼前逐漸舒展開來的道路。

徵象發生的時間點分毫不差，而且很有可能是毛孩想傳遞神奇的訊息給我們。愛賽兒主動幫忙照顧她女兒的毛孩，沒想到自己就這樣遇到了靈魂現身。

我女兒要出城工作一週，所以請我去她家照顧狗狗。她的先生最近過世了，生活幾乎被悲傷淹沒。至少我可以幫她照顧毛孩。

這天也一樣——我走進屋裡，超大的大丹犬興奮的踩了我幾腳。我知道為什麼我女兒這麼愛她的大狗狗；牠們真的超級愛你，喜歡給你黏答答的親親。

到了吃飯時間，年紀最大的狗狗傑克，開始瘋狂地衝來衝去汪汪叫。我停下手邊的事去查看，走到轉角的時候還差點被撞到。我看到傑克在房間裡追東西，年紀最小的史嘉蕾很快就加入，一起跑來跑去。房間一團亂，而且老實說我真的被嚇到了，因為牠們正在對著我看不見的東西狂追狂叫。

我退到廚房裡等牠們自己停下來。這實，牠們突然衝過房間，然後我就看到了——一團白白淡藍色的巨大迷霧，掛在傑克尾巴後面。我倒抽一口氣。

牠們不斷跑了二十分鐘之後，終於冷靜下來。我哭著打給女兒，告訴她房子鬧鬼，她得馬上搬出去才行。但她卻笑我，告訴我那其實是她先生哈利。她說哈利老是在跟狗狗們玩，這樣她就知道其實哈利還在身邊。我不敢相信自己竟然親眼看到了。

我美麗的女兒和她驚人的丈夫，一起解開了愛情的密碼。

——愛賽兒，希爾頓黑德，南卡羅萊納州

在我們親身經歷這些完美時機的時候，其實就是在與靈魂接觸，同時踏進了生命寰宇的浪潮。蘿拉的小博美過世幾天後，她女兒看見了家中小狗狗的靈魂，讓蘿拉驚訝不已。

我的博美狗狗諾拉被一隻很大的流浪混血比特犬咬死了。當時孩子正好去度假，我不想在電話裡告訴她們這件事。諾拉是我們的家人，我知道孩子們會很心碎。孩子回家那晚，我告訴他們諾拉死了，但沒提到她死因的可怕細節。我只解釋說她需要動手術，但最後沒能活下來。我八歲的女兒嚎啕大哭。

過了一會兒，她走過來跟我說：「媽咪，諾拉剛剛從客廳跑過去，而且後面有一隻咖啡色的大狗在追她。諾拉給我看了，是那隻大狗攻擊她！」我目瞪口呆地坐在原位。我女兒絕對不可能知道事情的細節。諾拉一定和我們一起在這裡。

——蘿拉P，波普勒維爾，密西西比州

感知到寵物的靈魂是一趟神奇的探險。當我們留心聆聽那些細小微弱的聲音、看見毛孩給的徵象時，神聖之愛正輕輕擁抱著我們的心。

第十三章　家中的寵物

「如果人類說的天堂裡沒有狗狗，那我死後也要到牠們死後去的地方。」

——威爾・羅傑斯

家中毛孩是福氣與好運的象徵。動物跟小孩子一樣，都可以看見靈魂的存在。牠們不僅能看到靈魂，也能聞到、聽到，甚至能夠直接跟著靈魂。

有證據顯示毛孩可以看見靈魂嗎？很難找到鐵證。如果你看過家裡的毛孩，站在角落對著你看不見的東西吠叫，牠們就很有可能看見了靈魂我們的寵物有非常強的第六感。不僅聽力靈敏，也有非常出色的嗅覺。牠們的感官比人類強，而且也很不一樣。毛孩探測風吹草動的能力比我們厲害很多，嗅覺更是比人類敏感一萬倍。跟聽力一般的人類相比，即使是遠在四倍之外的距離，毛孩就已經能夠聽見靈魂發出的高頻音色。

因為毛孩無法用言語表達，說出牠們看到了什麼、聽到或聞到什麼，所以我們也就無法得知，在那些珍貴的連結時刻究竟發生了什麼事。

毛孩可以感應到靈魂的存在，是我們的超強探測器。當牠們跟在我們人類看不見的東西後面走，或對著自己背上、脖子和尾巴上翹起來的毛又嘶又叫，就代表牠們跟靈魂有很強的連結。在珍妮特失去爸爸與姊姊後，寶貝狗狗會幫助珍妮特，讓她知道家人何時會在她身邊。

當我坐在沙發上大哭時，我的狗狗庫柏常會開始汪汪叫，瞪著什麼都沒有的地方。這時候，我會感覺到空氣出現變化，我可以聞到爸爸和姊姊的味道，或感覺到他們就在房間裡，但每次都是庫柏第一個發現他們。庫柏變成了我的「導盲犬」。

——珍娜M，拉法葉，印第安納州

近期有個調查顯示，超過四成主人相信他們的毛孩有第六感。這些年來，人類對第六感的理解已經大有進展。既然科學很難解釋動物卓越的感官，那誰說毛孩無法感應到我們在另一個世界的親友呢？

琳恩的丈夫在二〇一四年十一月驟逝，幾天後，她注意到家裡其中一隻狗狗舉止怪異。

我先生過世隔天一早，我注意到家裡紅短毛臘腸蕾蕾的奇怪行為。蕾蕾睡醒後，馬上開始對她頭上——也就是我們床上——的某個東西，嗚嗚嗚地發出哭聲。蕾蕾的頭點上點下的，彷彿有人在摸她。她發出難過的哭聲，我從沒聽過蕾蕾發出這種聲音。

我問她：「他在這裡嗎？」蕾蕾當然沒辦法給我回答，但她的行為在在顯示出，她認出了一個她熟悉、深愛的人——也就是她的爹地。以前，蕾蕾最喜歡跟爹地一起坐在他的躺椅上。但那天之後，蕾蕾再也沒有跳上那張躺椅了。

——琳恩 P，帕姆港，佛羅里達州

有證據顯示寵物能看見靈魂嗎？如果你問我這個問題，我會回答：對，牠們絕對看得到。

我十五歲的吉娃娃查理在二〇〇七年過世了，我心碎至極。而在我心痛不已時，我根本不知道查理的小夥伴安琪也非常非常想念他。要叫安琪吃東西，根本難如登天。查理過世時安琪十三歲，她這輩子都跟查理在一起。安琪在七週大時來到我身邊，所以她和查理是一起長大的。

查理過世後那週，我在經過客廳時，看到安琪坐在廚房門口。於是，我停下腳步觀察她。通常她都會發現我在旁邊，然後往我跑過來，但這次她沒注意到我，反而直盯著天花板角落的某處。

我抬頭看她緊盯著的地方，但什麼都沒看見。幾分鐘過去了，安琪一直坐在原地，眼睛都要把牆角看穿了。最後我終於走過去，問她到底在看什麼，但令人訝異的是，在我跟她說話時，她一動也不動。所以我在她旁邊彎下身，試著用跟她一樣的角度，看看她到底在看什麼東西。但是那邊什麼都沒有，至少我是什麼都沒看到啊。

一直到我伸手摸摸安琪，她才開始動。我不知道她是不是聽到查理的聲音，或是發現了其他天使。我猜是查理。也許是查理跟安琪說他安然無恙，然後告訴安琪，她也會沒事的。我之所以這麼認為，是因為那天晚上之後，安琪開始願意吃東西了。

安琪還是非常難過，有時候她的狀況很糟糕；但我非常愛她、用心照顧她，安琪慢慢地恢復了原本的樣子。如果問我，動物看得見靈魂嗎？我相信牠們一定看得見。

——琳恩R，亞特蘭大，喬治亞州

我們在世的毛孩，**跟小孩子一樣也能看見靈魂**。留心注意毛孩的行為，就可以用牠們的感官做為引導，讓我們也能感覺到靈魂的存在。桑妮就是這樣感覺到了她過世的毛孩。

我們的羅威那犬（名字是寶貝女孩）過世後的第一年，我和先生瞥見她在房子裡走動。好幾次我們都看見她走進客廳，躺在地上。

我們還有養兩隻吉娃娃，總是對著房間角落汪汪叫。寶貝女孩很愛去游泳池。有很多次，那兩隻小狗狗跑到泳池邊對池子裡汪汪叫，彷彿牠們能看見寶貝女孩在裡面玩。然後，我們可以「感覺到」她回頭，一貫的用眼角看著小狗狗們；每次牠們跑去騷擾她的時候，她都會露出這個眼神。而現在，每次看到小吉娃娃對著角落或泳池吠，我們就會看著對方說：「嗨，寶貝女孩，我們真的好想妳。」她過世時十二歲，是個非常貼心的孩子。

——桑妮W，北港，佛羅里達州

有證據顯示寵物看得見靈魂嗎？觀察家中的毛孩來找出答案吧！

第三部

來自天國的自然界徵象

第十四章　瓢蟲

「我相信神之所以創造其他動物，是為了幫助人類生存。」

——藤田岩男

瓢蟲代表愛與保護，我們另一個世界的忠實夥伴常使用瓢蟲當作徵象。

大自然的小奇蹟，是妙不可言的禮物。

出現瓢蟲代表會有好運，這是廣為人知的事實。牠們的保護能力很有靈性，可以為我們抵禦苦惱或煩人的事。瓢蟲讓我們有機會留心注意，別讓小事情接管了我們的生活。

如果瓢蟲（在不同地方還有很多別名）降臨在你面前，就代表你很幸運。殺死瓢蟲甚至被視為會帶來不幸。有些傳統認為，當瓢蟲在掌心停留時，你可以向瓢蟲許願。瓢蟲會把願望帶到偌大宇宙中，讓你如願以償。神祕瓢蟲身上的金線，連接到宇宙的中心、過往的生命、心靈之啟迪、死亡與重生、改造與重建，又有願望成真、無懼無恐、保護的力量，是幸運的象徵。對身型這麼小的動物來說，這是很大的使命。

瓢蟲出現代表將有新的幸福，通常會是物質收穫。你可以把瓢蟲視為一種徵象，表示很快就會迎來幸福美滿。瓢蟲告訴我們，在不久的將來，我們很快就能達成自己所設立的更高目標，而且還游刃有餘。

瓢蟲能讓我們學會什麼事情呢？

瓢蟲指引我們，要我們不要害怕活出真實的自我。牠們的訊息很清楚，就是要保護真實的自己、以自己為傲。瓢蟲告訴我們生命苦短，要放下憂慮與害怕；牠們希望我們相信靈魂，享受生命。

寵物用瓢蟲做為徵象，是想要告訴我什麼訊息呢？

瓢蟲象徵愛、保護與好運氣。當這些小蟲蟲出現在生活中，毛孩想要說的是我們被好好的保護著。牠們的訊息很明確……「我是你的守護天使與保護者，我的愛將你緊密環抱，守護你的平安。」同時表示我們現在可以有所行動，將夢想化為現實。

最重要的是，寶貝毛孩要我們知道，牠們無條件深愛我們。琳恩沒想過會收到這麼美好的禮物，她的經驗完美體現了神聖之愛。

我的紅短毛臘腸薑薑如果還在，已經十四歲了。過去幾年她健康有些狀況，我注意到她日漸衰弱。兩個禮拜前，她開始不吃任何東西，我知道她離開的時間就要到了。

領回薑薑的骨灰後，我請她給我一個徵象，而我收到的徵象既特別又有創意。在我媽媽過世前我們約好，她會用瓢蟲當作給我和我兩個女兒的徵象。而不論我們誰祈求徵象出現，她就一定會送來徵象。

我女兒去逛購物中心，當她離開一家店的時候，看到一個小女孩手中拿著兩顆氣球。一個是瓢蟲，另一個則是一隻臘腸狗。她馬上傳簡訊給我說：「薑薑跟外婆在一起呢。」我們與毛孩之間的連結很強，死亡只會讓這道連結更加堅毅不摧。我知道總有一天，我們會再團聚。

——琳恩P，帕姆港，佛羅里達州

想要與另一個世界的毛孩延續這段關係，**愛**是關鍵因素。收到牠們給的徵象，的確會讓我們改變對生命的觀點。蜜西收到她比特犬的禮物時，真切感受到了來自另一個世界的祝福與愛。

我的孩子們正值青少年，有一大堆活動可以參加，我先生則一天到晚都在工作。而沙沙就在一切都一團混亂時，來到我的生命中。有天早上我在公園裡健行，有隻狗狗從森林裡蹓躂了出來，明顯是隻比特犬，從頭到腳都髒兮兮。

我離狗狗愈來愈近，她尾巴也搖得愈勤。我快步經過時，她很迅速地聞了聞我的手。我沒有因此停下來，實在沒有時間哪，而且現在也不是跟狗狗玩的時候。我到了車子旁邊，把後門打開拿水時，突然有個東西很快的跑了過去——而那隻髒狗狗就坐在我車子後座。

她改變了我們的生命。我們叫她沙沙，因為她的毛色就跟沙子一樣。沙沙是隻非常漂亮的純種比特犬。我們愛死她了，尤其是我先生。沙沙根本是他的狗狗。無論他去哪，沙沙總是跟在後頭。如果我先生在除草，沙沙會坐在割草機後頭拉著的小拖車裡；如果他去洗澡，沙沙會坐在門口等他。

沙沙是我們的家人。有天下午，沙沙生病了，我覺得整個世界就要崩毀。那天晚上，我們失去了她。過了十三年美好快樂的時光，沙沙的生命戛然而止。我心碎至極。

沙沙過世已經兩天了。煮晚餐時，我打開冰箱拿牛奶，關上冰箱門時，我看到有東西在動。是一隻瓢蟲，在沙沙的照片上快速爬來爬去。幾分鐘後，我先生從車庫進門大喊：「蜜蜜，妳看！有隻瓢蟲停在我胸口！我甩兩次都甩不掉，就是一直回來找我。」我們同時開口：「是沙沙嗎？」

那天晚上我們才真的有了充分的把握。看電視時，我看到遠方有東西在移動。是一隻瓢蟲，在沙沙骨灰罈上面的照片爬。我們倆哭了出來。我們知道是沙沙在跟我們聯絡。不過更棒的還在後頭：那張骨灰罈上的照片是好幾年前拍的，是沙沙大笑的特寫，還有一隻瓢蟲停在她鼻頭。沙沙喜歡瓢蟲，而我們很喜歡她給的徵象。

——蜜西R，恩特普賴斯，阿拉巴馬州

在另一個世界，愛就是一切。已經在另一個世界的家人跟我們一樣，非常渴望能夠互相聯繫。要學習新語言很困難，而學習靈魂語言更是難上加難。跟毛孩聯繫會永遠改變我們的一生，麗莎的生命就因此改變。當她聽到自己貓咪捎來的消息時，便知道一切都會安然無恙。

在年初的時候，我得放手讓我的虎斑貓離開。他叫做奧斯卡，是我最好的朋友。奧斯卡不是一隻普通的貓。他自己學會用馬桶，沒有用貓砂盆。他會在門口迎接我，而我如果讓他跳上來，他就會在我腿上躺好幾個小時。奧斯卡離開的時候，我整個人都垮了，傷心欲絕地哭泣。

隔天，我眼神空洞地看著窗外，喝我的早晨咖啡；當然，我邊哭邊想奧斯卡。我大聲說著：「我愛你，奧斯卡！」過了幾秒，有一隻瓢蟲爬過了窗戶。接著又出現一隻，然後又有一隻。當下，我知道那一定是奧斯卡。奧斯卡透過瓢蟲告訴我他就在我身邊，而且他也一樣很愛我。

——麗莎M，哥倫比亞，南卡羅萊納州

學習如何跟離世的毛孩溝通，是一件值得我們投入心力的事，而且每分努力都會得到成果。這的確需要非常多耐心，也需要很多練習；但所得到的回報，會改變我們的一生。

當金領悟到了事實，全貌逐漸展開，她就知道自己的生命會永遠改變。

我十四歲的德國牧羊犬過世幾天後，我坐在那兒抬頭看著天花板。悲傷的時候，我發現自己常常無神的盯著地板、牆壁和天花板。但特別在這個早晨，我注意到有一隻瓢蟲，在天花板吊扇的邊邊爬行。我當下沒把這件事放在心上，一直到了隔天。

我必須吃點東西，所以我沿山坡開車下去買食物回來。我打開收音機想蓋過自己難過的思緒，伸手要去按收音機時，有隻瓢蟲停在我手上。我想把牠弄走，但在那一瞬間，好像有盞燈在我腦中亮了起來。我忍不住猜測，瓢蟲是不是我的洛基傳來的徵象。我讓瓢蟲安全地爬到儀表板上，繼續上路買東西吃。

準備回家時，我很驚訝地發現不只有一隻瓢蟲，有好多隻——總共有十四隻。洛基正好就是十四歲。這是個徵象嗎？對，一定是！我真的好幸運，洛基還在我身旁愛我、支持我。

——金W，佩里，佛羅里達州

在另一個世界，愛就是一切。

第十五章　紅色知更鳥

「人類不是唯一會尋求自由與空間的動物。」

——安東尼・D・威廉斯

知更鳥紅色胸口的傳說，要追溯到耶穌基督降臨。據說，耶穌在十字架上需要幫助的時候，是知更鳥試著拔去祂頭上的刺。知更鳥守護著耶穌，只讓光亮靠近。而因為牠勇敢的舉動，一抹鮮血染紅牠的胸口；從那時開始，所有紅色知更鳥的胸口，都擁有令牠們驕傲的紅色羽毛。

雄性知更鳥爭奪地盤時，會對彼此大聲歌唱。知更鳥用這獨特的特徵，維護著自己富有創造力的能量。牠們用自己的聲音在大自然中獲得靈性，提醒我們要相信自己的直覺，在生命中向前邁進時，唱出自己的歌曲。

知更鳥的蛋是淺灰藍色，這個顏色常用來開啟人類脈輪中的喉輪。喉輪代表溝通與表達，而蛋則象徵新生命。本質上，知更鳥告訴我們，無論做什麼事情，都要學會積極表達自我。知更鳥告訴我們，沒有什麼好怕的，只要能夠重建自信，在被引導前往新的開始時，我們就會安全無虞。

知更鳥鼓勵我們相信自己的能力：要相信在時機來臨時，正確的道路就會在我們前方開展。

紅色知更鳥能讓我們學會什麼事情呢？

紅色知更鳥教我們，在做出任何改變時，都可以心懷喜悅與笑容。牠們告訴我們如何優雅、堅毅，帶著決心向前邁進；教我們如何抱持自信與信任的心，踏上全新的開始。知更鳥的靈性訊息非常美妙：為了你生命中的這個新開始，是時候唱出自己的歌了。

寵物用紅色知更鳥做為徵象，是想要告訴我什麼訊息呢？

知更鳥也是春天來臨的預兆。當這隻鳥兒飛到我們生命的道路上時，就可以期待在生活中的許多層面，都會出現新發展。毛孩們選擇知更鳥做為徵象，傳遞的是非常特別的訊息……「感受我的能量，讓我為你提振精神。相信你自己，相信你的靈魂，還有，要相信我。你知道要往哪個方向走。去吧，所有事情都不會有問題的。」

知更鳥是最棒的信使。不斷提醒你要相信自己、相信靈魂，不會有事的。妮可就非常信任她的信使——她從最好的朋友那兒收到了訊息。

領了我的臘腸狗珍妮的骨灰回到家後，有隻知更鳥在車庫外面，直直向我走來。我馬上知道這是來自珍妮的徵象。我眼眶泛淚，蹲下身來一動也不動，而知更鳥在我身邊跳來跳去。這是個非常美好的經驗，我永遠不會忘記。

——妮可B，貝爾蒙，麻州

相信自己。相信你的毛孩。你不是孤單一人。

第十六章 鷹

「無論內心有多悲傷，只要一直相信著，你的夢想就一定會實現。」

——《灰姑娘》

鷹象徵飛翔的能力，和能夠觸及天際的能耐。牠們可以翱翔高飛，輕而易舉到達高空。鷹是卓越的信使，能夠與靈魂世界溝通往來。

鷹是空中的守護者，而且能夠洞見未來。牠們握有開啟更高階意識的鑰匙。

所有鷹都具備一個共同特徵：在可見與不可見領域之間優雅的來回移動，同時將兩個世界連結起來。鷹有開闊的視野，讓牠們能夠看見未來發生的事。對人類而言這是個暗喻，表示老鷹有預言未來的洞察力。

我收到那則鷹所帶來的驚人訊息時，就知道這是來自親愛的安琪——我十六歲的吉娃娃。在她過世幾分鐘後，信使出現了。

必須放手讓我的安琪寶貝離開時，我痛不欲生。我空著手離開獸醫院，她不在我懷中——這種感覺實在太奇怪太不對勁了，這是我做過最最困難的事情之一，卻別無選擇。

開車回家路上，我幾乎看不到路。我嚎啕大哭，祈求不管在天國的任何一個誰，拜託給我一個徵象，告訴我安琪平安無事。我得知道她是否已經安全到達另一邊。過了痛苦難熬的十五分鐘後，什麼事都沒有發生。沒有，什麼都沒有。接著我開過最後一個彎道，而就在那當下，我震驚不已。

一隻非常大的鳥從空中疾飛而下，朝我的車飛過來。鳥兒看起來隨時都會撞上擋風玻璃，所以我把車速慢了下來。我目瞪口呆地看著這隻龐大的鳥，牠直直向我卡車的水箱罩飛過來，接著就像天使般敏捷迅速地往上飛，越過了引擎蓋上方。我使勁踩下煞車，跑出車外看看牠去哪兒了，但完全找不到。鳥兒就這樣消失了。

接著，有如當頭棒喝。我意識到剛剛那隻鳥是一隻美麗的鷹。一回到家，我馬上去查鷹的靈性意義，發現鷹被視為能夠預知未來的信使。這樣就夠了。我知道我親愛的寶貝安琪平安到家了。這隻奇特的鳥兒——鷹——就是她給我的徵象。

——琳R，亞特蘭大，喬治亞州

想要提升心靈意識的層次，鷹是我們的最佳夥伴。牠們代表將所有事物結合。鷹是天國之鳥，會幫我們安排必要的改變，促使我們心靈與意識成長。

鷹能讓我們學會什麼事情呢？

鷹讓我們得以在平凡的經歷中看見實際意義。牠們帶來的訊息中，很多是要我們解放自己的思想與信念——這些思想與信念，會讓我們無法凌駕生命之上，好擁有更開闊的視野。

若能夠超越一切、窺見事情全貌，我們就能生存下去，盛放生命。

傑克的大丹犬因癌症逝世時，他以為自己永遠失去牠了。

穆斯是隻多愁善感的大狗狗，有著一顆王者之心。他是我最好的朋友，當他生病的時候，我為他心痛不已。我看著他承受的痛苦，難過的是我什麼都做不了，只能感謝他豐富了我的生命。在我們相伴的短短十年間，穆斯完全改變了我。

他去世隔天，我獨自坐在外面的平臺上。通常這時間，穆斯會坐在我身上，跟我一起看夕陽。我屋子旁邊就是森林，所以很常看到一堆鳥兒活動。然而今天，當我默默希望穆斯還陪在我身邊時，突然出現了一隻巨大的鳥。那是一隻我從沒看過的鳥，張開雙翼時可以延伸好幾哩——至少在我眼中看起來就是這麼大。

鳥兒降落在幾呎外的欄杆上時，我彷彿心跳停止。不確定是要逃跑還是待著別動——後來我選擇原地不動。我們互相緊盯著看，這時我才發現，牠是一隻超大的漂亮紅尾鷹。我完全不怕牠。互看了漫長的五分鐘後，就像牠出現的時候一樣——鳥兒展開雙翼，飛回林中。

我覺得超級神奇，而且老實說，在那短短幾分鐘之間，穆斯過世帶給我的傷痛完全不存在。接著我想起來，最近曾經在某處讀到，鷹是非凡的靈魂信使。

真的有可能嗎？我猜想著。我決定把這個美好的經驗，當作是穆斯給我的徵象。我選擇抱持信念，相信在我們離開這個世界之後，的確可能以另一種不同的方式存在。我很高興自己做了這個決定。因為現在，每當我感到虛弱無力、傷心難過時，鷹就會出現。每當我深深思念穆斯時，這隻美麗的生物便會從天而降。我知道當穆斯還在世時很愛我，但現在我明白，穆斯的靈魂更深切地愛著我。我是個幸運的爹地。

——傑克E，坎伯蘭，緬因州

毛孩用鷹做為徵象，是想要告訴我什麼訊息呢？

閉上雙眼，就會出現畫面。當我們什麼都看不見時，卻是看的最透徹的時候。當你看到鷹的時候，要意識到自己收到了一則訊息，要解讀訊息的意義。這奇妙的鳥兒能夠讓你達到更高的意識層級，進入意識之圈。

當親愛的毛孩在你人生的道路上，給你送來這隻美妙的鳥兒，牠們想傳達的是一則非常勇敢的訊息：「我在這裡，我愛你。你大徹大悟的時刻就要來臨了，帶我一起去吧。」

當鷹出現在你的生命中，要敏銳看待牠帶來的訊息，相信你的直覺判斷。你的毛孩與你產生了連結，希望你知道牠們深深地愛著你。

第十七章　紅雀

「存在你內心的生命火花，也存在我們所有動物朋友心中……我們同樣擁有生存的渴望。」

——蕾・愛倫

紅雀象徵活力，提供我們一條安全的道路，進入自我力量的領域，好實現目標與夢想。紅雀會協助我們，在直覺、毅力與強大力量之間取得平衡。

紅雀也是另一個世界的重要代表。很多人表示，曾看過紅雀在人或動物將死之際，或死亡之後現身。除此之外，也有很多人說，痛失親友或摯愛的毛孩後，紅雀就時常造訪，或出現在夢中。

雄性紅雀顏色絢麗，很容易辨認。紅雀是最受歡迎的鳥類之一，牠們亮麗又賞心悅目的外表，常和聖誕節或冬季連結在一起。

紅雀的紅色在本質上非常具有象徵性。紅色代表希望，提醒我們即使境遇看來黯淡無望，還是要保持信心。

紅雀豐富的色彩和強而有力的叫聲，讓牠們格外出眾。在傷心絕望的時刻，我們對任何事物都毫無感覺，但或許有機會注意到這隻紅色鳥兒。當安的生命出現動盪，她就是這樣看見了紅雀。

蓋兒過世幾天後，有隻紅雀飛進我家。蓋爾是我九歲的巧克力色拉布拉多，她很漂亮，內外兼具。蓋兒身上總是出現肥大組織，但其中一個演變為癌症，在短短幾周內她就走了。

我兒子出門時沒把門關好，才過了一分鐘，我就在身旁的椅背上，看見一隻紅色的鳥兒站在那裡。我驚訝的看著牠四處張望，歪了歪明亮紅色的頭，接著就來匆匆去匆匆地飛走了。

這是份很棒的禮物，我一直都非常珍惜。現在，每當我請蓋兒給我一個徵象，她都會送來一隻紅雀，讓我馬上感到慰藉。

——安F，芒特普林森，密西根州

紅雀能讓我們學會什麼事情呢？

紅雀的聲音清晰有力，帶有重大意涵；這種充滿力量的鳥兒，可以教我們如何表達真我、提升自信，有所行動。若我們看重紅雀的教誨，牠就會引領我們回到歸宿。

寵物用紅雀做為徵象，是想要告訴我什麼訊息呢？

紅雀象徵重要性與信念，因此不意外地，牠們常被選為傳遞重要宣言的信使。紅雀傳遞的訊息是：靈魂與你同在。

毛孩用紅雀當作象徵，特別是當我們被黑暗的悲傷淹沒，提醒我們還是擁有熱情、溫暖和力量。當我們的毛孩特別挑了紅雀做為象徵，牠們要傳達的是一則非常美麗的訊息：「我就在這裡陪著你。當你想到我的時候，要知道我就在你身邊，給你溫暖與力量。我愛你。」

毛孩的靈魂一直都很努力嘗試，希望我們知道牠們就在身邊。迪克西非常清楚這件事，因為她的孫女幫她傳遞了一份大禮，這個禮物讓迪克西非常驚訝。

我全心全意相信，妮拉會送來紅雀做為徵象。妮拉是我十一歲的哈士奇狗狗，跟我很親，我非常非常想念她。但幾週前，妮拉在接受囊腫移除手術後過世了。

有天，一隻雌紅雀和一隻雄紅雀一起出現在這兒，讓我覺得滿奇怪的。跟亮麗的紅色雄雀比起來，我們其實不常看到雌鳥。那天下午，五歲的孫女來找我，也看到了那隻雌鳥，她大叫：「奶奶，是妳的妮拉耶！」

妮拉的徵象告訴我，她其實還在這兒陪著我。這件事給我帶來很大的安慰。

——迪克西・M，丹頓，俄亥俄州

當然，**你也可以主動要求徵象出現**，佩姬就是這麼做的。在她的巴吉度獵犬過世後，佩姬坐下來跟牠說話，因此能夠和毛孩的靈魂一直維繫著那道連結。

查理是隻大獵犬，對生命充滿熱情。他對自己做的所有事情、碰到的所有東西，都樂在其中。其實查理應該是隻貓吧——因為他的好奇心大到難以計量，比他自己的體積還要大上許多。令人難過的是，有一次鄰居的狗跳過圍籬攻擊查理，他受了很重的傷，兩天後就過世了。他的死讓我心碎至極，但我不願意相信查理已經永遠離開了。我開始跟查理的靈魂說話，希望他能給我一個小小的徵象，讓我知道他已經沒事了。

隔天我在後院的時候，注意到有隻紅雀到處跟著我。牠很吵，差不多跟查理一樣吵。紅雀飛來飛去的，我很快就注意到牠了。

我知道，那隻紅雀一定是我的小朋友送來的。查理還是一樣，每天都給我帶來安慰。

——佩姬D，漢普頓，南卡羅萊納州

在生生不息的生命循環中，紅雀要提醒你，你身為一個個體，是多麼重要的存在。你被神聖的力量鍾愛著。

第十八章　鴿子

「很多人會跟動物說話……卻很少人聽牠們說話。問題就出在這裡。」

——班傑明・赫夫

鴿子的嗓音唱出優雅樂曲，可以為我們帶來希望，期待嶄新的開始。牠們沉鬱的咕咕聲，會和我們的靈魂對話，擾動我們內在的情緒。

在大地之母與天空之間，鴿子是象徵性的連結。鴿子輕柔平緩的咕咕聲與溫順的外貌，為牠們身為天際信使的美名錦上添花。

鴿子同時也象徵，靈魂從現世責任中解脫出來。牠們代表最深沉的和平，能夠讓我們在寧靜的心境下，將思緒除舊布新。在這些靜謐的時刻，我們得以真正欣賞生命中簡單的事物。

在隔開現實世界與精神世界之間的紗簾最為薄透時，鴿子的歌聲就會出現：清晨，以及夜色最深的時候；這也說明了為何鴿子能夠做為兩個世界之間的連結。布蘭蒂認出她收到的訊息時，她感受到了意想不到的愛意與平靜。

> 多多是我的摯愛，她是奧茲帝國來的小巫師，我好愛好愛她。我們一起度過了快樂的十年時光後，多多在睡夢中去世，令我痛不欲生。她走後三天，我在窗外看見一隻純白無瑕的鴿子，牠坐在窗臺上，透過玻璃看著我。之前我聽過一句話——「如果看見鴿子，就是看見了你身在天堂的寵物」。多多從天國來探望我

了。那一刻，我感到平靜不已，憂鬱的靈魂都變輕盈了。

——布蘭蒂M，藍辛，密西根州

鴿子會捎來平靜的氣息，牠們了解何謂溫柔。鴿子帶著和平的能量，提醒我們抹去自己思緒、話語及感受中的負能量，因為永遠都有好事情在等著我們。牠們帶來的平靜，可以讓我們得到鴿子所代表的禮物：

- 情緒療癒
- 身體療癒
- 精神療癒
- 心靈療癒

鴿子能讓我們學會什麼事情呢？

鴿子讓我們學會，無論境遇如何，平靜的心境永遠近在咫尺。我們內心一直存有和諧與寧靜，隨時都能夠發揮作用。鴿子翩翩飛入我們的生命，希望我們深入內在，解放來自過去與現在不和諧的情緒。

寵物用鴿子做為徵象，是想要告訴我什麼訊息呢？

寵物給的徵象，來自牠們最真實的內心。若牠們的信使打動了你，那就肯定是個徵象。毛孩派鴿子飛向你人生的道路，要送給你一則非常美妙的訊息：「你可以為逝去傷心哀悼，但要為了未來的期許甦醒重生；依然有活水與新生活等著你，我就在這裡陪你。」

讓我為你指路。

第十九章　蜂鳥

「我愈是對自己擁有的祝福心存感激，就得到愈多的祝福。」

——艾倫・H・寇恩

蜂鳥是唯一一種在高速移動時，還能夠在途中靜止不動的生物；蜂鳥是體型迷你的小鳥，能夠輕鬆適應任何狀況。牠們帶來許多的愛，是其他信使都比不上的多；而牠們完美的氣質，對觀賞人而言更是一大享受。

這些謎樣的神奇小鳥兒，本質上非常具有象徵性；牠們代表最強大的喜悅能量。蜂鳥被視為「信使」——意謂時間停止者，以及治癒者。

關於這些美麗動人的小鳥兒，有件鮮為人知的事情，就是牠們顫動的雙翼。蜂鳥以無限符號的形狀飛行，鞏固了牠們與**永恆**、**連續和無窮**之間的連結。蜂鳥也是復活的象徵。在寒冷的夜晚，牠們的身體進入冬眠狀態，看起來彷彿死去一般；而日出之時，就會恢復生機。

蜂鳥能讓我們學會什麼事情呢？

蜂鳥能夠倒著飛行，告訴我們可以回頭，看看自己的過去，懷念我們逝世寵物的特別回憶。同時，我們也會發現，任何悔恨的情緒和罪惡感，其實都毫無根據。

當蜂鳥盤旋在花兒上頭吸取甜美花蜜，便是表現出我們應該要珍惜每一刻，並感謝我們真心愛著的人。蜂鳥提醒了我們，要找出生命中良善的事物，發掘每一天的美好。

蜂鳥能夠讓我們敞開心房。有些痛苦會使我們封閉自我，但蜂鳥非凡的愛圍繞身旁，直到我們能夠自由的再次踏出腳步闖蕩。吉兒的經歷，很貼切的訴說了這隻體型嬌小的生物，如何為她帶來非常多愛意。在吉兒養的寵物大肚豬過世之後，她沒想過自己能夠從一隻蜂鳥身上，感受到這麼多喜悅。

漢克死後，一個朋友跟我說，要找尋他依然存在的徵象。我算是這星球上少數的幸運人，因為我很少碰上生離死別的大事。而正因為如此，我不太相信死後真的有另一個世界。我其實真的很想相信，活著的人是有可能與亡者說話的，但我知道除非我親眼見證，否則我不可能相信。

然而，我真的踏上了發現自我的旅程。我上網查資料，看了很多篇部落格文章，在臉書上加入了幾個社團，還買了好幾本動物溝通與死後徵象的書。

漢克過世幾周後，我坐在門口階梯上想著他，想知道他在天堂過得好不好。突然之間，我聽見輕柔的嗡嗡聲在我頭附近繞，仔細看卻什麼都沒看見。之後我又聽見了，一抬起頭，一隻美麗的小蜂鳥，出現在我眼前。

我看牠到處跳來跳去，好像直直地盯著我看。我慢慢伸出手，令我驚訝的是，這隻身體輕到不行的小東西飛了過來，停在我手指上。以前我從沒遇過這種事情。最近我讀到，蜂鳥是靈魂派來的信使；我深信不移，這個奇幻時刻背後的主宰，一定是我的大肚豬漢克。那天之後，每次我一到門前的階梯，蜂鳥都會在幾分鐘之內，出現在我身旁——這個徵象肯定代表，我與漢克的靈魂很靠近。

——莫妮卡D，布魯斯，密西西比州

蜂鳥的訊息是什麼意思呢？

當我們忠心的夥伴送來這個奇異的徵象，實際上是想要傳達牠們無條件的愛、付出與超然的美麗。當我們看到蜂鳥，注視著牠們絢麗又快速流暢的動作時，時間靜止了。我們會因此非常感動，覺得自己被深愛著，這是一種至高無上的幸運。

時間靜止的感受，常常和情侶在一起頭幾個月熱戀的感覺很像。蜂鳥非常勇敢，不怕掠食者。這個特質象徵愛可以征服一切……甚至征服死亡。

蜂鳥最棒的禮物，是牠們要送出的這則訊息：「生命甜美的花蜜存在於內心。」當我們的寵物送來這隻可愛的小鳥做為徵象，牠們要傳遞的訊息非常特別：「我們的愛超越一切，甚至能夠征服死亡。我就在這裡，一直陪著你。」

如何知道蜂鳥是不是要給我的徵象呢？

最簡單的做法，是當我們遇到這隻小鳥兒的時候，問問自己內心的感受。你覺得開心嗎？是否感受到愛意？現在的你是不是在猜測，這隻漂亮小鳥可能是過世寵物傳來的訊息？先查看看自己的狀態，再分析你收到的訊息。

有時，要直到事情發生一陣子後，才能夠看見當中的訊息。蒂娜第一次遇到蜂鳥的經驗，就體現了以上這種狀況。

早在我們的狗狗雪碧逝世之前，我先生就訂好了郵輪旅行。雖然她已經過世三個月了，但要留下她自己一個出門去，還是讓我很有罪惡感。我知道聽起來很傻，但我對她的思念，完全無法用文字表達。

十年前，我有個朋友到一個在地收容所當志工，帶狗狗散步運動。雪碧當時四歲，四周被水泥牢獄環繞，在粗欄杆後面抖個不停；她很哀傷，而且害怕得不得了。也難怪雪碧會怕，那邊環境吵雜，下著雨，又寒冰刺骨。

後來我才知道，雪碧唯一的爸媽在幾小時前將她棄養了。為什麼？因為他們生病了，而且覺得照顧雪碧很厭煩。我的胃翻來攪去，因為我無法想像面對這麼突如其來的事情，雪碧會有多震驚。我拜託收容所，希望能當她的新媽媽，三天之後，雪碧來到我家。雪碧是我生命中最棒的存在。我們兩個之間的連結，就像母親與孩子一樣。雪碧不只是隻狗狗，而是半個人類，全身滿溢著純潔無瑕的愛。

我們還是去了那趟郵輪之旅。有天下午，在一片汪洋之中，我們一起站在甲板上，望著眼前的美景。我們在聊雪碧的事，而突然之間——就像魔法一樣——在我們面前出現了一隻蜂鳥。沒錯，一隻蜂鳥。牠盤旋了大約兩分鐘，然後飛走了。我先生大叫：「剛剛那是真的嗎？」沒錯，真的發生了這麼神奇的事情。雪碧也跟我們一起來旅行了。

——蒂娜C，朱比特，佛羅里達州

蜂鳥傳遞愛的方式，沒有任何信使可與之比擬。

第二十章　羽毛

「如果我們能夠讀懂動物的心，就會發現牠們絕不說謊。」

——安東尼・道格拉斯・威廉斯

羽毛象徵更高階層的心靈進化，時常傳遞平靜、喜悅與輕盈的感受，被視為與另一個世界的直接連結。

最重要的是，飄落在身旁的羽毛是一份禮物。在人生道路看見羽毛的時候，無論我們自己主動接受與否，都可能代表我們正在心靈的旅途上。羽毛也象徵踏上這段人生旅程的勇氣。

天使近在身邊時就會出現羽毛，事實如此。要遇上特殊的時刻、神聖的地點，才能看見美麗純淨的羽毛。

發現羽毛是一件美妙的事情。因為另一個世界的天使與毛孩，會在正確的時刻將羽毛放在我們的道路上，表示祂們的愛、認可與安慰。在發現羽毛的時候，我們可能正想著要做出改變、正好想到貼心毛孩的特別回憶，或正在擔心某人或某事。羽毛也可能單純是個提醒，表示毛孩希望我們知道，牠們就在身邊。

安琪拉的狗狗溫斯頓過世之後，她就有過這樣的經驗。而且不只一次，而是好多好多次。

十七週前，我失去了這輩子的摯愛——我的羅德西亞背脊犬，他的名字是溫斯頓。自從他走後，我不論去哪兒都會看見白色羽毛。我有另外兩隻狗狗，每次我們出去散步，路途中都一定會遇到白色的羽毛……有時羽毛也會在散步回家時出現。

有天，年紀比較小的狗狗散步回來，在外面的平臺上擦乾身體，平臺上方我們另外做了玻璃雨遮。就算兩側都開啟，但因為它的構造看起來是封閉的，所以小鳥也不會飛進去。要出去帶狗狗歐提斯進門時，我在半路上停了下來，無法動彈。平臺上有一根白色羽毛。而且不是常看到的白色羽毛，是一根很特別的羽毛，蓬蓬鬆鬆的那種。

我知道溫斯頓的能量一直與我同在。他的徵象給了我平靜，與很大的安慰。

——安琪拉T，哈羅蓋特，英國北約克郡

每根落在我們道路上的羽毛，都是一則則的訊息。或許是在散步時的草地上、在車子旁，也可能在前門發現羽毛，而且絕對都在我們不會錯過的時刻出現。每撿起一根羽毛，都是在提醒我們，正身處完美的時間與地點。

貝蒂和先生失去了親愛的毛孩夥伴，而羽毛在兩人最悲痛的時刻出現，讓他們備感訝異。

當我心煩意亂的時候，就會在心中和我天堂的媽媽說話。之後，我每次都會在房子裡找到她給我的羽毛。剛過去的這個二月，我必須做一件生命中最痛苦的事情：帶我心愛的狗狗皮威去獸醫院安樂死。我對他的愛，就像對自己的孩子一樣。

我哭得撕心裂肺，要把我的皮威放進車裡時，一根羽毛掉在我面前。我知道這是來自上天的美好徵象，我的寶貝會沒事的；但依然無法減輕失去他的心痛。

幾個月之後，我必須把我另一隻狗狗蘭格勒也帶去安樂死。痛苦大到我根本無法承受。我先生跟蘭格勒特別親密，過去十三年來，他每一天都會帶這小夥伴陪他一起去買甜甜圈。蘭格勒過世隔天，我先生靠在卡車旁無法控制地哭泣。我試著給予安慰，告訴他蘭格勒會一直與他同在。

話剛說完，我往下一看，在車門旁邊有一根美麗的白色羽毛。這是個非常美好的提醒，提醒著我們永遠不孤單。我把所有羽毛留下來裱框。毛孩對我們綿延不斷的愛意，真的很驚人。

——貝蒂珍H，古珊，紐澤西州

羽毛同時也提醒我們，所在的這個世界充斥各種意義。當我們正在經歷生命中不同階段，羽毛就是一種安慰的象徵：我們被愛著、看顧著。羽毛提醒我們，自己仍是這宇宙整體的一部分。它讓我們的洞察力有機會覺醒，也代表心靈意識、真實、愛、輕盈與飛翔的嶄新開始。

下次看見羽毛的時候，可以將它視為一種提醒：親愛的毛孩與天使，一直都在我們身邊。

羽毛能夠讓我們知道什麼事情呢？

鳥兒知道如何與所有動物說話。所有羽毛都與另一個世界有所連結，也和羽毛本身與聖靈的內在連結有關。羽毛乘著空氣飛翔，教導我們敞開自我，到達超越物理時間與空間的領域。

寵物用羽毛做為徵象，是想要告訴我什麼訊息呢？

無論在什麼情況下，寵物都能用各種美妙的方式，提醒我們牠們就在身旁，為我們帶來安慰、希望與愛。當牠們用羽毛做為徵象，所分享的是一則非常特別的訊息：「我就在這兒和你在一起、看顧著你。用我給你的羽毛當作啟發，飛到更高更遠的地方吧。」

更棒的是，我們還可以運用顏色的象徵，來解讀毛孩給我們的羽毛有哪些涵義：

- **白色**——你的天使想要提醒你，祂們就在這兒和你在一起。
- **黃色**——恭喜你！你走在正確的道路上。
- **藍色**——你被召喚來與靈魂一同耕耘。你的通靈能力正在逐漸開展，要相信直覺。
- **粉紅色**——愛無所不在。很快就會發生非常特別的事情。
- **灰色**——你一直過著匆匆忙忙的生活。平靜即將到來。
- **黑白**——改變即將發生，找找看吧。
- **黑色**——在你覺醒的這個時刻，毛孩的靈魂在保護你所有的能量。你真真切切的被愛著。

摯愛的夥伴一直在你身邊，不斷嘗試與你對話。要知道當羽毛出現的時候，你的寶貝就在那兒陪著你。

第二十一章　蝴蝶

「四條腿的動物永遠是我們的最佳拍檔。」

——作者不詳

蝴蝶象徵歡慶、轉變、新開始、時間，以及最重要的一個：死後重生。蝴蝶是喜悅、和平與愛的信使。當我們想到蛻變的時候，心中常會出現蝴蝶的畫面。乘著微風飛舞的美麗蝴蝶，會直接將一絲絲的喜悅，注入欣賞牠們的人心中。

但我們常常忽略了毛毛蟲蛻變為蝴蝶時，經歷的神奇旅程。牠們發展的過程稱為「變態」；在希臘語中意謂轉變，或改變形狀。

一旦身體產生變化，蝴蝶就必須想辦法從舊的樣貌中，找到改變的方向。蝴蝶會從自己還是毛毛蟲時，所造出的那一絲絲的殼裡頭挖出道路，接著會脫離牠的繭，到新世界展開冒險。

蝴蝶以四種全然不同的型態存在（卵，幼蟲，蛹，成蟲），很多人認為我們人類也是一樣。比如說，母親子宮內有了受精卵，而從出生那刻起，我們就像毛毛蟲一樣，唯一的目標就是進食、受到孕育，在生命中爬行而過。

死亡的時候，我們也像是入眠的蛹，但接著我們的意識從人類軀殼浮現出來，靈魂得到重生。觀察蝴蝶變化的過程時，可以發現我們與牠們象徵性的特質之間，有緊密的連結。

這些大自然奇觀，是妙不可言的象徵。

身為信使的蝴蝶，所代表的是當下這個時刻。這就是為什麼，很多人會將牠們視為來自死後世界的徵象。牠們體現了轉變的過程，也是我們在另一個世界的寵物，很喜歡選擇的一種徵象。當茱莉從她的黃金獵犬那邊收到認可，她感受到了極大無比的喜悅。

布朗蒂死後，我經歷了前所未有的痛苦。我的兄弟姊妹、母親、祖父母皆已去世，我每每都悲痛不已；知道佔據整個心房的黑暗悲傷是什麼感受。當我的妹妹被殺害時，我感受到更為劇烈的悲慟，甚至比其他家人離世時更絕望。然而，與我在一起十四年的黃金獵犬布朗蒂死去的時候，我覺得好像失去了自己的孩子，無法遏止地哭泣。

她過世一週後，有次我去倒垃圾，正從車道末端往回走時，注意到有一隻白色的蝴蝶跟著我。牠不只跟著我，而是繞著我的頭盤旋，數不清有多少次。我的確懷疑過，會不會是布朗蒂？但回到屋內後，這個想法就逐漸淡去了。一小時後我到廚房拿喝的，走進門內的時候，我不可置信地停下腳步。

櫃子上，就在布朗蒂的藥旁邊，那隻白色的蝴蝶就停在那裡，直直看著我。我馬上知道，這是布朗蒂給我的徵象。這個驚人的徵象，就跟布朗蒂一樣純淨潔白，是生命的信使。我相信徵象真的存在。

——貝佛莉W，康斯坦丁，肯德基州

我要如何知道這是不是徵象呢？

通常蝴蝶會在我們想不到的時候出現。如果你在外面整理花園、坐在露臺上或散步的時候，剛好面前出現一隻翩翩飛舞的蝴蝶，甚至停在你旁邊或你身上，不要忽略牠。既然你已經注意到了，那牠們之所以出現，一定有很充分的原因。

蝴蝶能讓我們學會什麼事情呢？

蝴蝶擁有空氣輕盈的力量，能夠乘在微風之上飛舞。牠們看起來就像是在花朵上跳舞，提醒我們別把生命看得太嚴肅。蝴蝶喚醒我們心中的喜悅之情，告訴我們，笑一個吧，找找改變的契機。

蝴蝶代表了永不終止的生命循環。牠們教給我們的課題，就是成長與改變並不像我們一直以來認為的那樣痛不欲生。改變這件事，也可以如我們所願，用溫和喜悅的方式發生。

自然中的奇觀，確實都是意義非凡的象徵。下次你見到突然出現的蝴蝶時，試著花點時間，沉浸在那個當下。問問自己：「這會不會是我的寵物送來的訊息呢？」藉由問出這個簡單的問題，我們就能讓自己敞開心房，發現和靈魂對話的新方式。

在心靈成長的旅途中前進時，蝴蝶的顏色也代表了個人化的訊息。你可以養成習慣，每當徵象出現時就記錄下來，會是個好方法。每一隻蝴蝶都可能有神聖的意義，可以幫你回答關於每天生活中的問題，或是解答有關你正在行走的這條道路的疑問。你可以拿一本日誌來記下訊息，或在手機裡建立記事本。

蝴蝶的顏色分別象徵什麼呢？

- **白色**——你與寵物的靈魂之間，有神聖的連結。事情的全貌已舒展開來，把眼光放遠。
- **紫色**——你身邊有許多象徵。要相信自己的直覺，你知道真實為何。
- **藍色**——可以放心向天使傾訴。要持續這段關係，溝通是非常重要的一件事——說說話吧。
- **綠色**——這是一份強烈的愛意，充滿關心與溫暖。繼續留心注意你的徵象——你們的連結純淨無瑕。
- **黃色**——心靈是你最大的資產。寫下自己新的篇章。夢想真的會實現。
- **橙色**——該是時候創造新事物了。運用這股創造力，跟隨你的祝福前進。

- **紅色**——就在這個當下，你的意志力很強大。勇敢起來，放手一搏吧。
- **黑色**——在這段生命覺醒的過程中，你被好好的保護著。別擔心，滿滿的愛意環繞著你。

寵物用蝴蝶做為徵象，是想要告訴我什麼訊息呢？

當寵物選擇了蝴蝶做為徵象，牠們傳遞的是一則非常美麗的訊息：「是的，我在這裡，請跟我說說話吧。告訴我你的感受，我可以聽得見。我就在這兒，我會幫你減輕痛苦。」

揭開面紗，進入另一個世界。在那裡，愛就是一切。

第二十二章　蜻蜓

「動物的雙眼有一股力量，能夠訴說千言萬語。」

——馬丁・布伯

蜻蜓跟蝴蝶一樣象徵轉變，也提醒我們，要將更多輕盈喜悅的氛圍，帶進我們的世界。蜻蜓帶有在生命中改變與適應的智慧。

蜻蜓在剎那之間出現，又瞬間消失。牠可以改變顏色，疾飛穿越時間與入口，進入其他世界。蜻蜓是強大的信使，神祕莫測，魔幻奇妙，充滿幻象的力量。

蜻蜓每小時速度可達驚人的四十五哩，可以如直升機般盤旋，也能像蜂鳥那樣向後飛，或是上下左右飛。更讓人吃驚的是，牠們在進行這些行動時，每分鐘只需要拍動翅膀三十下。

最厲害的地方是什麼呢？蜻蜓所有的行動都非常優美，很容易讓人聯想到優雅的芭蕾舞者。當蜜雪兒的鸚鵡送來做為徵象的蜻蜓時，她為蜻蜓的美麗詫異不已。

我每天都在花園裡頭修剪草皮、拔雜草，更換植物的護根層。我坐在地上，想著最近過世的寵物鸚鵡杜德，眼中逐漸溢滿淚水。我想念這隻瘋狂的小鳥，想得要命。杜德很愛講話，因為跟我在一起非常久，他已經能夠爐火純青地發出我的聲音、笑聲，重複我說的話。與任何人事物相比，杜德為我的生命帶來了更多喜悅。

令人難過的是，幾週前我的房子遭小偷。杜德往其中一個小偷飛過去，結果那個人用力打他，把杜德的脖子打斷了。監視器把事發經過都拍了下來，幾小時後，小偷被逮捕歸案。

我滿臉淚痕，繼續在花園四處撒著護根層。

「我和杜德曾經一起走過這片草坪，數不清有多少次。」我說道。而就在我說話的時候，一隻鮮亮綠色的蜻蜓，降落在我肩膀上。這隻蜻蜓非常美麗，我開始跟牠說話，就像我跟杜德說話那樣。整整兩個小時，那隻蜻蜓一直留在我肩上。我毫不懷疑，是杜德要讓我知道他就在這裡陪著我。現在，我的花園裡到處都有綠色的蜻蜓。我想，杜德很喜歡在一片明亮多彩的花叢中，四處散播他美好的愛意。

——貝琳達O，藍泉，阿拉巴馬州

我要如何知道這是不是徵象呢？

像蝴蝶一樣，蜻蜓也在我們意想不到的時刻出現。不論你是在散步或坐在露臺上，若有蜻蜓滑翔到你身旁，甚至停在你身上，不要忽略牠們。

既然你已經注意到蜻蜓了，那牠之所以出現，一定有很充分的原因。茱蒂的經驗就是個絕佳範例。有隻蜻蜓停在她手指上不走，她就知道這是摯愛貓咪送來的訊息。

我們失去陪伴許久的朋友艾迪幾個月後，迎接了兩隻貓咪兄妹來到家中：傑克和薑薑。傑克的東西都是藍色，而薑薑的則是粉紅色。七年後，我帥氣可愛的傑克過世了。我們心碎至極，薑薑也一樣難過。傑克死後，我常常感覺到他就在身旁。我覺得傑克常常跳上床——每次我都會爬起來看，但什麼也沒有。

隨著時間過去，我們決定帶另外一隻公貓回來陪薑薑。我和一位飼育員討論過一隻她的公貓寶寶，但她不確定那隻是不是已經有別人要了。幾天之後，就在母親節當天，我和家人在艾波卡特遊樂園度過美好的時光。當我們在走路時，我注意到有一隻亮藍色的蜻蜓，穩穩停在我手指上。我停下腳步給大家看，說道：「這種事情不太常發生吧，我在猜，會不會有什麼意義呢？」

蜻蜓飛走之後，我的手機響了。是那位飼育員打來的，她說：「母親節快樂，妳有一隻新的貓咪寶寶了！」我馬上就知道，那隻蜻蜓是傑克。從那時開始，我常常在前院看到亮藍色的蜻蜓，而我總是會出聲打招呼：「嗨！」，每一次，我都會告訴傑克我們有多愛他。

——茱蒂S，奧蘭多，佛羅里達州

蜻蜓能讓我們學會什麼事情呢？

蜻蜓是值得受到榮耀的存在。牠們要傳遞的訊息與我們更深沉的思緒有關，要我們關注自己的慾望。牠們短暫的生命，教導我們要活在當下，活出最豐富的人生。如果能夠活在當下，我們便能意識到自己是什麼樣的人、身處什麼地方，在做些什麼事情，想要什麼、不想要什麼；而且能在時間緊迫的狀態下，做出明智的選擇。活在當下，可以讓我們沒有後悔的生活下去。

就像蝴蝶，蜻蜓也會根據其顏色不同，傳遞個人專屬的訊息。你可以用蜻蜓身上不同的顏色，解讀毛孩的訊息意義。以下再次表列出顏色的象徵。

蜻蜓的顏色分別象徵什麼呢？

- **白色**——你與寵物的靈魂之間，有神聖的連結。事情的全貌已舒展開來，把眼光放遠。
- **紫色**——你身邊有許多象徵。要相信自己的直覺，你知道真實為何。
- **藍色**——可以放心向天使傾訴。要持續這段關係，溝通是非常重要的一件事——說說話吧。
- **綠色**——這是一份強烈的愛意，充滿關心與溫暖。繼續留心注意你的徵象——你們的連結純淨無瑕。
- **黃色**——心靈是你最大的資產。寫下自己新的篇章。夢想真的會實現。
- **橙色**——該是時候創造新事物了。運用這股創造力，跟隨你的祝福前進。
- **紅色**——就在這個當下，你的意志力很強大。勇敢起來，放手一搏吧。

- **黑色**——在這段生命覺醒的過程中，你被好好的保護著。別擔心，滿滿的愛意環繞著你。

毛孩選擇蜻蜓做為徵象，是想要告訴我什麼訊息呢？

當我們的寵物選擇蜻蜓做為徵象，牠們傳遞的是一則充滿愛意的訊息：「沒錯，我就在這裡陪著你，跟我說說話吧。和我分享所有事情，因為我一直都在這裡沒有離開。**我聽得見你的聲音。**」

第二十三章　空中信使

「當我望進動物雙眼，我看見的不只是一隻動物。我看見一個有生命的存在。我看見一位摯友。我感受到靈魂。」

——A・D・威廉斯

飛翔的動物——我們長了羽毛的朋友們——是空中的驚人信使。牠們的出現如同來自天國的閃亮鑽石。當你收到來自另一個世界的美好訊息，那種感受無可比擬。無論是從心心念念的寵物，或是從天使、從摯愛的人那兒收到了訊息，愛都一樣神聖。

空中的動物們，身處最靠近天堂的地方，牠們是身體與心靈堅毅的象徵。這些棲息在天空的神祕生物，最能理解另一個世界中，各種肉眼看不見的聯繫方式。若你注意到某些特定種類的鳥兒出現，就要特別留心。牠們的出現，會帶給我們希望與理解；提醒著我們，牠們捎來的強大訊息，就存在每個特別的時刻之中。

在這偌大的世界上，有數百種空中信使，為數眾多，無法一一列出。多年前，我找到一個很棒的資源，是一本由泰德安德魯斯（Ted Andrews）撰寫的書：《來自動物界的訊息（暫譯）》（Animal Speak）這本書追隨對天空和動物象徵的信仰，我會參考其中對於靈域的解讀，是我至今最棒的工具書。下方列表是一小部分的紀錄，分別是鳥兒所代表的象徵。這些都是在另一個世界的寵物，可能選來做為禮物送給我們的鳥兒，表內也記載了不同鳥兒所代表的訊息意義。

- **藍樫鳥**——你正步入一個時間點，可以開始發展內心天生的王者風範。把所有事情好好完成。尋找我給的徵象，我會告訴你該怎麼做。
- **雞**——退後一步，確定你的內心堅定不移。然後，再從心靈的感受出發，來面對你的處境；若還有空間，就看看下一步怎麼走。
- **烏鴉**——烏鴉帶來的靈魂訊息，是再次確認重生的象徵。烏鴉同時棲身於過去、現在與未來。
- **老鷹**——老鷹象徵強大的力量、時機與自由。收下這隻英勇鳥兒的能量，接受生命中嶄新強大的時刻到來；你對自己的精神發展有更遠大的責任，是時候發掘你的內在力量了。
- **隼**——要有耐性，但要看好時機。機會就在眼前，展開行動就對了。你會知道自己的生命目的為何。注意我給的徵象，我可以幫上忙。
- **雀科鳥類**——停下腳步傾聽，對你周遭的環境覺醒，並在現下找到喜悅。

- **鵝**——新的旅程即將到來，會有新的事情發生。睜大雙眼留心看。
- **獵鷹**——獵鷹廣闊的視野，讓牠們能夠看見未來發生的事。牠們意味與所有事物合為一體。獵鷹從靈魂的世界帶來聯繫，是優越的信使。
- **仿聲鳥**——尋找機會，唱出自己的歌。走自己的道路。發揮所長，運用你充滿創意的想像力與直覺，譜出對於你、與你的生命而言，最和諧的曲調。
- **貓頭鷹**——黑暗不是障礙。你的內在有足夠的光亮來看穿幻象。相信自己的直覺。
- **孔雀**——要對你的夢想與渴望給予認可。現在，你有了更廣的眼界，與更深的智慧。踏出去讓大家看見你，讓你真實的自我大放光彩
- **鵜鶘**——你想要把不該留下的東西存起來嗎？把自己從桎梏你的事物中解放出來吧！就算是在最忙碌奔波的時刻，也要休息一下，珍惜每個特別的

當下。放輕鬆。

- **鴿子**——該是時候回到安全的家了——或是，你現在正需要家所給予的安全感。若你迷路了，鴿子會教你如何找到回家的路。家，是心之所在。
- **天鵝**——你非常敏感。你得花時間尋找，並確實注意到在你面前的事物。讓你內在的優雅綻放光芒，別人才看的見。
- **火雞**——長久以來，火雞都與靈性有關，也榮耀大地之母。當你在人生道路上遇見火雞，代表你得到了禮物餽贈，每天都能得到祝福。心懷感恩。
- **啄木鳥**——跟隨你自己獨特的節奏與航程。用最適合你的方式，做出對你有幫助的事。大門已經敞開，可以安心追尋你的夢想。要相信你的天使，祂們整路都會引領著你。
- **禿鷹**——禿鷹能夠優雅自若地翱翔。這隻鳥兒來到你人生的道路，是想要告訴你，人們會因為你的做為——而非外貌——注意到你。

另一個世界的毛孩會在牠們心中細細勾勒著各種徵象，並將徵象送來給你。若你被空中信使感動，覺得自己的心被緊緊擁抱，這就是個徵象。很多人會爭辯，認為跟隨動物靈魂的徵象是一種瘋狂的舉動。但是沒有關係。最重要的事，是對於你所收到的訊息，有自己一套行事方式，以及要運用你個人的洞察力。

這是專屬於你一個人的旅程，沒有人能夠搶走。南西就是個很棒的案例，體現出她是如何透過學習靈性語言，來建立更強的連結。

潔西來到我生命中，她是隻漂亮的三花貓。當初，我要從一窩五隻小貓咪中選擇她時，我請求神聖的指示引導，而潔西就在我耳邊發出了呼嚕呼嚕聲。後期，當潔西顯然來日不多時，我掙扎著是否真的要送她到天國。從獸醫那兒回家後，我和家人坐在客廳，訴說著潔西是我們生命中多大的一個祝福；這時，我們聽見貓咪喵喵叫的聲音。我跑到門口，很確定我一定會在階梯上看到一隻貓咪，但我很驚訝的發現，是一隻美麗的黃色雀鳥，坐在電源線上啾啾叫。我很確定，這是潔西來回覆我，告訴我她已經安然無恙的到達彩虹橋彼端。我對潔西給我的徵象、以及她與我共度的十三年時光，永遠心懷感激。

——南西R，明尼亞波里斯，明尼蘇達州

天空中的動物們會從靈性領域帶來驚人的訊息。心愛的寵物用堅定不移的話語告訴我們：「我就在這裡，從天堂溫柔親吻著你。感受我的能量吧，我會讓你打起精神來的。永遠不要忘記我有多愛你。」

第二十四章　陸地上與海洋中的信使

「有天一定會出現像我這樣的人，看待謀殺動物的態度，如同謀殺人類一般。」

——李奧納多・達文西

動物是極具靈性的存在。我們身為人類，長久以來都忽略了這點。當我們能夠開始了解到動物是我們的一部分，也是構成我們生命更宏遠宇宙結構當中的一環，便能真正開始進一步了解，我們身處的外在世界與內心世界。

開始相信動物是靈性的導師與信使之後，我們就能在生命中，開啟全新的面向。突然之間，動物不再只是寵物或提供陪伴的對象，而是古老智慧的持有者，與神聖的領導者。在生命的旅途中，動物會教導我們，滋養茁壯我們的各個層面（身體面、心靈面、精神面），幫助我們維持生命進程，保持與大自然的平衡。

動物象徵可以透過很多方式為我們捎來訊息。我們可能親自遇見、夢見，牠們也可能在我們冥想時來訪，甚至成為我們的寵物。圖騰動物——或那些我們感到有強烈連結的生物——會為生命帶來巨大的影響。

每一種動物，無論心靈或外表的樣貌為何，牠們都非常獨特。動物的溝通交流是出自於愛，而牠們展現出的智慧，會教導我們更多有關自我的事。關於生命與死後的世界，都有許多事物等著我們去發現。藉由將動物的訊息與我們的生命結合，可以幫我們建立精神目標。

隨著我們開始接觸動物圖騰（也稱為力量動物、心靈動物、動物嚮導），就會跟著意識到共時性的存在會開始想了解，在周遭的平凡景象中，所隱藏的祕密訊息，並注意到四處都有徵象與暗示。

動物圖騰能夠讓我們學會什麼呢？

動物圖騰告訴我們，如何在靈域的象徵範疇中，找出智慧與意義。一旦認知到動物圖騰的存在，它們啟迪人心的訊息，就會為我們正在經歷的一切，帶來深刻的洞見。

寵物用動物圖騰做為徵象，是想要告訴我什麼訊息呢？

毛孩將動物圖騰放在我們人生的道路上，所想要訴說的，不僅是牠們就在這裡陪著我們，同時牠們也送來了一則特別編寫的訊息：「愛無所不在，為了讓你知道我有多愛你，這是我給你的象徵。」

寵物從另一個世界送來的每個徵象，都充滿著愛意。若信使能夠觸動我們內心，那麼這就是個徵象。

動物嚮導為數眾多，無法一一列出。我想要再提及這本值得大家擁有的好書——由泰德．安德魯斯撰寫的《來自動物界的訊息》。這本書追隨對天空和動物象徵的信仰，我會參考其中對於靈域的解讀，是我至今最棒的工具書。以下有另一個可以研究補充資訊的地方，一個叫做「心靈動物圖騰」的網站：www.

spirit-animals.com.。

不要忽略任何一個動物符號。以下是一份簡短的列表，列出在另一個世界的寵物，可能用來做為禮物送給我們的動物符號。還請謹記，是牠們在選擇要用哪種溝通方式來傳遞訊息：

- **鱷魚**——鱷魚是所有知識看守者與保護者，提醒你現在要保持耐性。深呼吸，給你自己時間來做出改變。
- **獾**——代表嶄新的機會，可以讓你發展自我表達的能力。對自己和自己的能力都要有信心。訴說一個關於自己和生命的全新故事吧！用自己的速度，去走自己的路。
- **蝙蝠**——蝙蝠意味著起點：在做出改變之後，這個全新的開始，會為你帶來承諾與力量。注意周遭的徵象（身體面、心靈面、情緒面和精神面），用嶄新的想法將事情完成。

- **熊**——往自我內在前進，讓力量覺醒過來。深潛入你的內心，找到旅程的重要所在並將之釋放，進入廣闊的外在世界。品嚐生命的甜蜜滋味。
- **河狸**——河狸象徵永不放棄，深謀遠慮，是真正有遠見的存在。付諸實行，讓你的夢想成為現實吧！
- **貓**——相信直覺，該是相信自己的時候了。貓咪要告訴你的是，你已經擁有生命中所需的一切。現在，就是美夢成真的時刻。
- **郊狼**——郊狼是創造者、導師、魔幻的守護者，提醒你凡事不要太過嚴肅以對。舊規則已經不適用了，什麼事情都有可能發生。
- **花栗鼠**——當我們看到花栗鼠，就代表共時性無所不在。靈魂永遠都離我們非常近，花栗鼠的出現，是鼓勵我們要尋求幫助與引導。現在是祈求徵象的絕佳時機，要相信神奇的力量。

- **鹿**——全新的機會，將帶你踏上冒險旅途。要溫柔對待自己，找尋你內在的寶藏。認真實踐，找出方向，就能一路領先。
- **海豚**——海豚代表你將重獲生機，要傾聽直覺，對新事物懷抱開放的胸襟。走出去吧，去玩樂，去探險。要享受每個當下，因為時間永不倒流。
- **狗**——狗狗的能量永遠都在提醒你，要對自己忠誠以待。一定要先愛自己，才有能力對他人伸出援手。
- **大象**——大象是堅毅與力量的體現，會提醒你是什麼力量驅動了生命前進，然後給你追尋的慾望。讓自己準備好，去運用最古老的智慧與力量。大象會與你分享牠們的美夢，幫你探索還沒想過的全新可能。
- **狐狸**——狐狸有完美的幸運魔法，會為你帶來很多新機會。你有可能得到任何形式的獎勵。你擁有所需的工具與資源，能夠將金錢、事業，或生活的困難化險為夷。

- **青蛙**——你真正的價值所在，在於你內心所擁有的價值。青蛙象徵轉變，提醒你在覺醒的過程中多加嘗試，而且要非常有耐心。
- **山羊**——現在正是開始嘗試新事物的時候。山羊知道如何保有伸展的彈性，能夠到達全新的高度，實現全新的目標。
- **馬**——靈魂可以跨在馬背上，在不同次元的世界來回，馬兒與全新的開始有緊密關聯。馬會教你如何朝新方向前進，來喚醒你個人的自由與力量，帶你踏上嶄新的旅程。
- **獅子**——獅子是太陽與黃金的象徵，會喚醒你去找尋新的能量。要相信自己的直覺與想像力，生命就會增添更多新光彩。獅子也是家園的強大保護者，提醒你要有膽量，有智慧，而且要驍勇善戰。
- **猴子**——事情不永遠是表面看起來那樣。運用第六感，找出真實的一面。
- **豬**——不要再拖拖拉拉，做事要有組織、有計劃。改變很快就會到來。

- **兔子**——兔子會告訴你如何注意到周遭的徵象。牠們可以幫助你發現生活中起起落落的改變，讓你在你的世界中，能夠變得更有創造力。
- **浣熊**——要花時間綜觀全局，以及所有可見與不可見的事物。浣熊提醒了你，在找尋答案的路途中，要竭盡全力。
- **臭鼬**——檢視你的自我意象，人們很快就會注意到你。要說到做到，這是唯一一個方式，讓你能夠尊重自己，重視自己的信念。臭鼬不需要透過釋放氣味，才能表現牠有多強大。你可以靜靜的保護自己。
- **蛇**——你的轉變很自然，也很普遍。要清楚自己的意圖為何。改變是一件正面的事情。要知道你現在很安全，無須畏懼。
- **松鼠**——松鼠是有備無患的大師，提醒我們一定要挪出時間，與人來往和玩耍。用力地玩，別把生活看得太嚴肅了！
- **老虎**——老虎統治地球，也主宰地球的能量，能夠喚醒生命中嶄新的熱情與力量。新的冒險即將成形！向夢想與目標前進吧，好好運用你謹慎與平靜的特質。

● **烏龜**——烏龜是大地之母與長壽的象徵，提醒你要和自己最初的本質——也就是你的靈魂——有所連結。是時候找出你面前豐沛的資源，慢慢讓自己乘著心流前進，而非試著逆流而上。如果你用正確的方式、在正確的時間著手，就能得到所需的一切，不疾不徐地穩定贏得勝利。

● **鯨魚**——鯨魚是創造力的古老象徵——無論是代表創造身體還是世界。鯨魚提醒我們，要榮耀我們靈魂存在的目的。接受命運吧，你知道這是屬於你的命運。擁抱未知的領域。

● **狼**——狼代表自由的靈魂，提醒你要選擇新的道路，踏上全新的旅程。你一直都被保護著，安全無虞。你可以主宰自己的生命，創造命運吧，這樣的命運專屬於你。

寵物從另一個世界送來的每個徵象，都充滿著愛意。若信使能夠觸動我們內心，那麼這就是個徵象。

第四部

為了你自己的靈魂

第十五章　祈求便必得之

「世界上最好最美的東西看不見也摸不著，必須用心感受。」

——海倫・凱勒

如果發生一件讓我們停下腳步、原因令人疑惑的事，這或許就是一個來自我們寵物的徵象。大多數的我們，都被訓練成只相信眼前所能看見的事物，而不相信我們感覺到、意識到，或是聽到的一切。看不見靈魂，不代表靈魂就不在我們身邊。我們之所以會錯失而看不見另一個世界的美麗，其中一個最大的原因，是因為我們無法相信它們所分享的禮物。這已經不再是個祕密了，另一個世界的毛孩，是真的非常想要與我們聯繫。

還請記住：沒有任何場合都通用的徵象。如果我們想得到，牠們當然也想得到。若你的毛孩一直給你某個重覆出現的徵象，那麼這就是牠們聯絡你的方式。你只要記得，這是你的徵象，只專屬於你。莫琳學習了一種新的語言，並因此建立起更強大的連結。她在另一個世界的狗狗，證明了牠們的愛無堅不摧。

在一次周末的自然營隊中，我和朋友一起前往貝克河，在那兒用金屬探測器探測。我被機器帶到某個定點，接著我們拉出一個東西，是一個生鏽的扣環，連著一條牽繩。我們兩個試著回想這東西的名稱，但就是想不起來；接著我們又在山丘往上爬十呎處開挖。這次，我們找到一個聖伯納犬的鑄鐵撲滿。我朋友提出了看法，認為我們找到的這兩個東西，是要給我的徵象——也就是，要我養一隻新狗狗。最近，我失去了此生摯愛的比特犬，她的名字叫做機會（Chance），我們一起度過了精采的十五年時光。

隔天早上，我們第一個任務，是要靜靜深思我們在周末的經歷。我用這個機會，把自己的思緒牽引到我的毛孩機會身上。她給我的訊息非常特別：「鬆開繩子，把迴紋針打開，然後放開整條牽繩吧。」她把那片牽繩上的小東西稱作迴紋針，我覺得很有趣。對我來說，這是個充滿各種情緒的經歷。但是，我知道她說的沒錯。我必須向前走，讓自己有機會再度找回愛。機會的第一年忌日就要到了，我真的非常想念她。

我們立刻上了美國動物福利社會收容所網站，找到一張照片，是一隻八歲的白色牧羊犬，名叫梅雅。

梅雅是隻溫和的大狗狗，很穩定，也非常可愛。收容所裡有人形容她是隻優雅的狗狗，我在幾秒之內就愛上了梅雅，決定要領養她。在我們回家路上，我朋友問我會不會幫梅雅改名。我告訴朋友，如果我都已經五十六歲，還有人想要改掉我的名字，那我會很傷心的。而就在那一刻，一臺從旁邊經過的車，車牌上寫著「梅～～有錯」。這是個多正面的象徵！然而，我所收到最明確的證明，是發現原來我在寵物追憶日領養了梅雅。多麼剛好，我的毛孩機會也一起來了，在我生命中更添光彩。我真的蒙受極大祝福。

——莫琳M，溫德罕，緬因州

你可以主動向另一個世界的寵物祈求訊息，特別是當你剛開始學習要如何訴說靈魂語言的時候。為了讓自己多點自信，我們可以要求一個特定的徵象；這不僅能讓我們知道毛孩一直與我們同在，也能夠幫助我們學習要往什麼方向去尋找。

先從簡單的東西開始。例如，要求一首特殊的歌、一枚閃亮的硬幣、一頭野鹿、一隻白色的蝴蝶、一臺綠色的吉普車……基本上，任何想得到的都行。選好徵象後，接下來可以走出去，抬頭看看天空。我們可以告訴貼心的毛孩，剛剛自己為牠們——以及我們——選了什麼樣的徵象，然後可以開口說說話，比如：「當我看到這個你給我的徵象，我保證，我一定會接受徵象的意義，我一定會接受你的存在。」

無論我們的徵象以什麼方式出現，是在電視上、我們經過的看板、網路上、雜誌頁面、T恤上面……**都一樣是屬於我們的徵象**。要滿懷感謝，然後感到喜悅。因為現在起，我們也說著跟寵物一樣的靈魂語言了。接著，可以從頭再做一次。祈求徵象出現，並且在徵象出現時，相信它所代表的意義，可以幫助我們紓解黑暗的痛苦。雖然說無論徵象是以什麼方法出現，都無法消除我們的痛苦，但是徵象可以讓我們明白，毛孩雖然已經脫下了肉體的軀殼，但這並不代表，牠們不會繼續愛著還留在這世上的人們。

最後，我們都會再見面的。當那個時刻到來的時候，會是一場盛大又特別的團聚。而在那之前，持續我們與寵物靈魂之間的關係，是很稀鬆平常的事情。以安琪拉的訊息為例，若一個徵象還能夠導引至其它徵象，是很了不起的一件事；而安琪拉的任務，就是把所有線索拼湊起來。

溫斯頓是我帥氣的羅德西亞背脊犬，他是我此生摯愛的狗狗。他過世後，有個朋友推薦了一本書：朗妲拜恩寫的《祕密》。她希望我了解，我們的靈魂會持續存在，而萬物都是由能量構成。

接著，我找到了琳·拉根的書：《叫醒我吧！另一個世界的奇普救了我（暫譯）》。書中，她提到自己如何花上所有時間，盡力學習另一個世界的一切。我笑了，因為我現在也在做一樣的事情。

我在午餐時間開車進城，開始練習找車位的吸引力法則，真的有效！我找到一個很大的車位，馬上停了進去。從取票機走回來時，我不得不在半路停下腳步——因為我發現，我把車停在一棟建築物前面，而這棟建築叫做「祕密治療室」。我馬上想到我的那本書《祕密》。雖然我現在還是新手，但這一定是個徵象。

然後，我在不同店家進進出出，而在其中一家義賣商店，我看到櫃子中間有一本書，標題是《無比的愛》。那是架上唯一一本露出封面的書，其他擺在架上的書都以書脊示人。從那本書再向下數兩本，我注意到另一本名為《我最好的一面》的書。

這時候我已經知道，這些全部都是我的帥氣毛小孩溫斯頓所要給我的徵象。他還在為我帶路，而且只希望我為他做一件事——那就是信任、相信、接受他神聖的愛意。

——安琪拉T，哈羅蓋特，英國北約克郡

要記得，沒有任何場合都通用的徵象。你可以主動要求徵象……真心祈求，你就能得到你所要的徵象。

信任。相信。接受。

牠不在，但都懂

如何解讀離世寵物的靈魂訊息

Signs From Pets In The Afterlife

作者　　琳．拉根（Lyn Ragan）

譯者　　溫佳盈

執行編輯　　顏妤安

行銷企劃　　李雙如、謝珮菁

封面設計　　李東記

版面構成　　賴姵伶

發行人　　王榮文

出版發行　　遠流出版事業股份有限公司

地址　　臺北市南昌路 2 段 81 號 6 樓

客服電話　　02-2392-6899

傳真　　02-2392-6658

郵撥　　0189456-1

著作權顧問　　蕭雄淋律師

2020 年 4 月 30 日　初版一刷

定價新台幣 299 元

ISBN　978-957-32-8739-1

遠流博識網 http://www.ylib.com E-mail: ylib@ylib.com

（如有缺頁或破損，請寄回更換）

國家圖書館出版品預行編目 (CIP) 資料

牠不在，但都懂：如何解讀離世寵物的靈魂訊息 / 琳 . 拉根 (Lyn Ragan) 著；溫佳盈譯 . -- 初版 . -- 臺北市：遠流 , 2020.04
面；　公分
譯自 : Signs from pets in the afterlife : identifying messages from pets in heaven
ISBN 978-957-32-8739-1(平裝)
1. 通靈術 2. 動物心理學
296.1　　　109002557